Stengler
Zwänge verstehen
und hinter sich lassen

D1719671

Die Autorin

Katarina Stengler geb.: 1968, Priv.-Doz. Dr. med., verheiratet, 2 Kinder, Leiterin der Psychiatrischen Ambulanz und der Tagesklinik am Universitätsklinikum Leipzig, Verhaltenstherapeutin, klinischer und Forschungsschwerpunkt: Zwangserkrankungen. Mitglied im Wissenschaftlichen Beirat der Deutschen Gesellschaft Zwangserkrankungen e. V.

Danksagung
Wir danken allen Patienten und Angehörigen für ihre kooperative Mitarbeit, ihre Offenheit und ihr Vertrauen uns gegenüber. Ohne sie hätte dieses Buch nicht entstehen können.

Unser Dank gilt außerdem den MitarbeiterInnen der Psychiatrischen Ambulanz der Universität Leipzig, insbesondere unserer langjährigen Mitstreiterin im »Zwangsteam« Frau Dipl.-Soz.-Päd. Ursula Beyrich.

Priv.-Doz. Dr. med. Katarina Stengler

Zwänge
verstehen und
hinter sich lassen

▮ Was Betroffene und Angehörige selbst
tun können

Unter Mitarbeit von Dr. med. Michael Kroll

Inhalt

1 Basiswissen

2 Ursachen

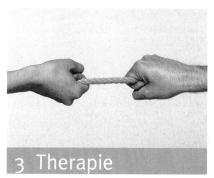

3 Therapie

Inhalt

4 Selbsthilfe

Vorwort

Liebe Leserinnen, liebe Leser,

noch ein Ratgeber ... wo es doch schon so viele gibt.

Das ist eine gute Entwicklung!

Wenn Sie, liebe Leserin, lieber Leser, bereits festgestellt haben, dass es schon viele Ratgeber zum Thema Zwangserkrankung und Zwänge gibt, dann ist das in mehrfacher Hinsicht eine gute Entwicklung.

Zum einen: Sie haben bereits begonnen, sich zu informieren. Sie wissen schon, dass es Einiges zum Thema Zwang auf dem Markt gibt. Somit gehören Sie zu den Lesern, die gut vergleichen können, was Ratgeber leisten sollten, was nützlich ist oder was es eventuell zu ergänzen gibt. Ihre Rückmeldungen werden von uns dankend angenommen.

Zum anderen: Tatsächlich – in den letzten Jahren haben wir mehr über Zwangserkrankungen erfahren können, die Wissenschaft hat Forschungsergebnisse vorgestellt und das Interesse der Medien an dem Thema Zwangserkrankungen hat deutlich zugenommen. Das macht sich u. a. an der Zahl der veröffentlichten Ratgeber bemerkbar. Und das ist eben eine gute Entwicklung!

Mit diesem Ratgeber richten wir uns an Menschen, die sich weiterführend zum Thema Zwangserkrankungen informieren möchten, vielleicht als Betroffener, vielleicht als Angehöriger eines Zwangserkrankten.

Wenn Sie als Betroffener bislang noch keine therapeutische Hilfe in Anspruch genommen haben, hoffen wir, dass Sie viele Ihrer Fragen in diesem Buch beantwortet bekommen. Vor allem sollten Sie am Ende der Lektüre Mut gefasst haben, die mögliche Scham oder Peinlichkeit im Umgang mit Zwangssymptomen zu überwinden und gegebenenfalls professionelle Unterstützung in Anspruch zu nehmen.

Während Zwangserkrankungen noch vor 15–20 Jahren als selten, kaum oder schlecht behandelbar und so gut wie immer als chronisch verlaufend – »unheilbar« – galten, sieht es heute ganz anders aus. Sehr viel mehr Betroffene, als bislang angenommen, leiden an dieser Erkrankung. Wir wissen, dass 2–3% aller Menschen im Laufe ihres Lebens von einer Zwangserkrankung betroffen sind – in einer Stadt wie

Leipzig sind das immerhin mindestens 10.000 Menschen. Wir wissen aber auch, dass es mittlerweile sehr gute Behandlungsmöglichkeiten für Zwangserkrankte gibt und wir Therapeuten haben gelernt, dass auch die Angehörigen eine wichtige Rolle im Behandlungsprozess spielen.

Deshalb richtet sich dieses Buch auch an Sie, liebe Mütter und Väter, Partner(innen), Kinder und Geschwister von Zwangserkrankten. Sie sind Angehörige von Menschen mit einer psychischen Erkrankung und haben nicht selten schon einen langen, schwierigen Weg hinter sich. Sie können sich hier – auch gemeinsam mit Ihren Betroffenen – informieren.

Dieses Buch bietet
- umfangreiches Wissen über die Erkrankung und ihre unterschiedlichen Ausprägungsformen,
- Informationen zur Entstehung und Aufrechterhaltung von krankhaften Zwängen, zum Krankheitsverlauf und zu wirksamen Therapieformen.
- Betroffene und Angehörige selbst kommen zu Wort und schildern ihre persönliche Geschichte – vermutlich werden Sie sich in einigen Aspekten wiederfinden und denken, ja, genauso oder so ähnlich erlebe und empfinde ich das auch.

Einen weiteren Schwerpunkt dieses Buches bilden Anleitungen, Übungen und praktische Tipps, die Sie dabei unterstützen, sich mit der Erkrankung und den möglichen persönlichen Entstehungsmechanismen auseinanderzusetzen und den Zwängen schrittweise Paroli zu bieten. Obwohl wir Ihnen sehr ans Herz legen, sich therapeutische Unterstützung zu holen, sind alle praktischen Anleitungen so angelegt und beschrieben, dass Sie auch in Eigenregie erfolgreich damit arbeiten können.

In diesem Sinne wünschen wir Ihnen, dass Sie viel Anregendes und Hilfreiches finden – gegen Ihren gemeinsamen Feind, die Zwangserkrankung, und für Ihr gemeinsames Leben, ein genussvolles und zwangsarmes!

Priv.-Doz. Dr. med. Katarina Stengler

1 Basiswissen

Was sind Zwangserkrankungen?

Zwänge können in allen Lebensbereichen auftreten, wobei sie sowohl unsere Gedanken als auch unsere Handlungen diktieren.

Sie schleichen sich in unser Leben ein und breiten sich immer weiter aus, wenn wir nichts dagegen tun.

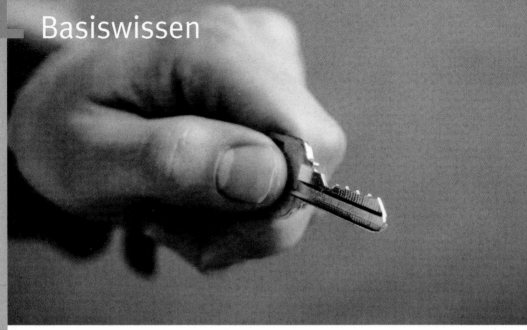

Wenn Zwänge das Leben bestimmen

Eine Zwangserkrankung beginnt oft schleichend. Die Zwänge tauchen meist nicht von heute auf morgen auf, sondern entwickeln sich langsam aus persönlichen Macken, Auffälligkeiten und Eigenheiten, die Sie zunächst ganz unauffällig Tag für Tag verrichten. Die Abläufe erscheinen selbstverständlich und werden automatisch in den Alltag integriert. Und erst allmählich merken Sie, dass es nicht mehr anders geht. Dass die ehemals kleinen Macken Ihren gesamten Alltagsablauf bestimmen.

Leiden Sie darunter, ständig kontrollieren zu müssen?

Kontrollrituale vor dem Verlassen der Wohnung

Eine Lehrerin, die zu uns kam, konnte ihre Wohnung nur nach ausgiebigen Kontrollgängen, die in einer bestimmten Reihenfolge durchgeführt werden mussten, verlassen. Mehrere Kontrollrituale reihten sich in einer komplexen Handlungskette aneinander: Im Flur gehen mehrere Türen zu den einzelnen Zimmern ab – das Zimmer, dessen Tür am nächsten an der Wohnungstür liegt, wird zuletzt kontrolliert – das war eine wichtige Grundregel dieses Rituals. Im Schlafzimmer wurde begonnen: da gab es nur wenige Steckdosen, einen Lichtschalter, zwei Fensterknaufe – das ist schnell überprüft, angefasst, gerüttelt – in Ordnung. Im Bad gestaltete sich das Ganze schwieriger – die Wasserhähne wurden fast bis zu deren Zerstörung gedrückt – Fenster, Steckdose, weiter. Die Küche wurde zwangsläufig zur Herausforderung: viele Elektrogeräte, Wasser, Licht, Fenster. Dann die Wohnungstür selbst – schließen, rütteln, ziehen, drücken. Am Ende war das alltägliche Ritual geschafft, aber die betroffene Lehrerin war es auch, obgleich zunächst einmal Erleichterung und Entlastung nach dem Abschluss dieser aufwendigen Handlungen eintrat.

AUS DEM LEBEN

Geht es Ihnen auch so, dass Sie morgens nicht mehr pünktlich aus dem Haus kommen, weil das Nachschauen nach elektrischen Geräten, nach Wasserhähnen, Türen und Fenstern unendlich viel Zeit in Anspruch nimmt? Oder haben Sie Ihren Partner dazu gebracht, als letzter die Wohnung zu verlassen und alles ordnungsgemäß zu kontrollieren? Ihre berufliche Tätigkeit leidet nicht unter der ausführlichen Kontrolltätigkeit, aber für Freizeit und Freunde haben Sie nur noch wenig Zeit. Alle Zeit und Energie werden für die Kontrollen im Haushalt und für die Verpflichtungen bei der Arbeit gebraucht.

Bestimmen Waschrituale Ihr Leben?

Wenn die Angst vor Infektionen überhandnimmt

Eine Studentin fühlte sich nach ihrem Auslandssemester in Südafrika plötzlich unwohl bei dem Gedanken, fremde, gar öffentliche Toiletten zu benutzen. Immer wieder stellte sie sich vor, wer wohl die Toilette alles vor ihr benutzt haben könnte und welche potenziellen Gefährdungen hinsichtlich »Kontamination« mit menschlichen Exkrementen (Blut, Sekret, Speichel etc.) ihr damit drohen. Sie verband damit die Sorge, sie könne sich selbst, dann aber v. a. andere, ihren Freund, ihre Eltern und Geschwister im schlimmsten Falle mit dem AIDS-Virus infizieren.

Das war so unerträglich für sie geworden, dass sie sich einerseits von allen fremden Toiletten fernhielt. Andererseits hatte sie auch beim Benutzen der eigenen Toilette ausgiebige Waschrituale im Vor- und Nachgang eingeschaltet.

Letztlich kamen auch außerhalb und unabhängig von der konkreten Toilettensituation, allein in der Vorstellung Ängste und Befürchtungen auf: es reichte bereits, daran zu denken, dass jemand, der von ihr gedanklich in Zusammenhang mit einer potenziellen AIDS-Erkrankung gebracht wurde, in ihrer unmittelbaren Nähe war. Bereits dann, bei dieser »gedanklichen Kontamination«, musste sich die Studentin einem umfangreichen Waschritual unterziehen.

Stehen Sie früher auf, um vor der Arbeit noch die täglich notwendigen Reinigungs- und Waschrituale an und um sich herum zu bewältigen? Möglicherweise tragen Sie Ihre Kontaminationsbefürchtungen, die Sorgen, sich mit Bakterien oder Ähnlichem in öffentlichen Einrichtungen, Bussen, Bahn etc. anzustecken, schon lange mit sich herum. Und lange ist es Ihnen gelungen, sie geheim zu halten. Erst als es Ihrem Partner oder Ihren Eltern auffiel, wie oft Sie Ihre Kleidung wechselten, wie intensiv Sie sich wuschen und wie auffällig die Rituale im Umgang mit Nahrungsmitteln wurden, haben Sie sich eingestanden, wie sehr Sie davon beherrscht werden.

Haben Sie Angst
vor »schlimmen Gedanken«?

Belastungen und Beeinträchtigungen ergeben sich aber auch im Zusammenhang mit Zwangsgedanken. Dann nämlich, wenn die Inhalte so bedrohlich erlebt werden, dass ein normaler Alltag schlicht unmöglich ist.

Belastungen und Beeinträchtigungen durch die Zwangssymptomatik sind vielfältig. Betroffene fühlen sich im Laufe der Erkrankung den Regeln des Zwanges verpflichtet. Jeder Versuch, eigene Wünsche, Bedürfnisse zwanglos umzusetzen, scheitert. Ein gewisser Widerstand kann nur am Beginn der Erkrankung aufrechterhalten werden, irgendwann ordnet sich der Alltag dem Zwang unter. Dann findet kein normales berufliches oder privates Leben mehr statt. Der Widerstand gegen die Zwangssymptome wird immer geringer, bis der Zwang die Normalität aus dem Berufs- und Privatleben verdrängt hat.

Tipp
für Angehörige
Haben Sie den Mut, »Macken und Ticks« beim Betroffenen anzusprechen. Fragen Sie, warum er etwas so und nicht anders tut (tun muss). Fragen Sie immer »Warum?« Das ist für den Betroffenen zwar unangenehm, zwingt aber zur Auseinandersetzung und bricht für alle Beteiligten das qualvolle Schweigen!

Die Angst, dem eigenen Kind etwas anzutun

Gar nicht so selten werden wir um Hilfe gebeten, wenn eine junge Mutter kurz nach der Geburt ihres Kindes völlig zurückgezogen ist, das gewünschte und geliebte Kind nicht mehr versorgen kann.

Zunächst vermuten Partner und Eltern, manchmal auch der Hausarzt eine Depression. Wochenbettdepression – so etwas ist gar nicht so selten. Die junge Frau spricht nicht mit den Angehörigen über ihre Gedanken und Gefühle. Immer wieder sagt sie, sie könne nicht allein sein mit dem Kind, sie habe Angst. Das Baby baden, wickeln, stillen, ins Bett bringen, spazieren fahren – alles geht nur mit Begleitung. Schließlich hat sich die Familie darauf eingestellt, dass immer jemand dabei ist, denn dann geht alles scheinbar sehr gut. Nichts muss die junge Frau allein tun, alle haben sich arrangiert. Alle haben ihre eigenen Ansprüche zugunsten der jungen Mutter und ihres Kindes zurückgestellt. Und die junge Mutter selbst ist unablässig damit beschäftigt, dieses Helfersystem zu organisieren, zu überprüfen, am Laufen zu halten. Erst als der Partner drängt, auch wieder Dinge allein tun zu wollen, und als die Eltern einmal für kurze Zeit nicht verfügbar sind, eskaliert die Situation.

Irgendwann berichtet die junge Frau ihrem Partner von ihren Ängsten, dem Baby etwas anzutun, den Sorgen, als Mutter zu versagen. Sie leidet unter Zwangsgedanken.

AUS DEM LEBEN

Wann sind Zwänge krankhaft?

Krankhaft werden Wiederholungen, Rituale, sich aufdrängen-
de unangenehme Gedanken erst dann, wenn sie Ihren Alltag
beeinträchtigen. Wenn nicht mehr Sie »Herr im eigenen Hause« sind, sondern dies der Zwang übernommen hat. Wenn Ihre
alltäglichen Pflichten und Anforderungen nicht mehr Ihren eigenen Regeln folgen, sondern fremd-, eben zwangsbestimmt
sind.

Der eigene Tagesablauf, das Familienleben, der berufliche Alltag, die Freizeit – alles kann dann beeinträchtigt sein, nichts
ist mehr sicher vor den zwangsdiktierten, unveränderbaren
Regeln: Schau' noch mal nach, wasch' lieber zweimal, kontrol-
lier' die Tür, benutz' keine spitzen Gegenstände, Autofahren ist
gefährlich …

WISSEN

Definition: Zwangserkrankung

Eine Zwangserkrankung liegt vor, wenn Zwangshandlungen
und/oder -gedanken wiederholt auftreten und den normalen
sozialen Alltag von Betroffenen beeinträchtigen. Ein wesent-
liches Merkmal dabei ist, dass der Zwang überwiegend als läs-
tig, unangenehm, meist quälend empfunden wird.

Häufigkeit
Zwei bis drei Prozent aller Menschen sind im Laufe ihres Lebens von einer Zwangserkrankung betroffen. Damit ist die
Zwangserkrankung die vierthäufigste psychische Erkrankung,
nach den Phobien, der Depression und den Abhängigkeitser-
krankungen. Sie gehört weltweit zu den zehn Erkrankungen,
die mit den größten psychosozialen Behinderungen einherge-
hen. Das heißt, Zwangserkrankungen beeinträchtigen in ganz
erheblichem Umfang das alltägliche Leben. Arbeit und Beruf,
Haushalt und Familie, Urlaub, Ferien, Freizeit – alles kann darunter leiden.

Es ist wichtig, hier auch die Stimme Ihrer Angehörigen zu hören. Fragen diese immer wieder nach oder weisen darauf hin, dass mit Ihnen irgendetwas nicht stimmt, dass Sie anders sind als sonst? Dann sollten Sie innehalten, versuchen, sich ein paar Minuten Ruhe zu nehmen und dem Gesagten nachzuspüren. Sind Sie anders geworden? Stimmt irgendetwas mit Ihnen nicht? Fühlen Sie sich von den Dingen, die Sie tun und die Sie denken müssen, beeinträchtigt und belastet?

Was ist eine zwanghafte Persönlichkeit?

Menschen mit einer zwanghaften Persönlichkeitsstruktur haben oft eine eher pessimistische Grundeinstellung zum Leben. Dinge werden grundsätzlich erst einmal angezweifelt und hinterfragt. Das Leben wird als etwas Verunsicherndes, etwas, bei dem man grundsätzlich »auf der Hut sein« muss, betrachtet. Deshalb ist ein solcher Mensch ständig bemüht, die Dinge möglichst korrekt, gut, richtig, nach strengen Regeln, Normen und Idealen zu gestalten. Bloß keinen Fehler machen.

Eine Frau mit einer zwanghaften Persönlichkeit wird kaum die Wohnung verlassen, ohne alles gereinigt und aufgeräumt zu haben. Es ist für sie eine Pflicht, die Wohnung sauber und geordnet, ganz gewissenhaft zu verlassen. Darunter leidet sie aber nicht. Im Gegenteil, das ist für sie etwas Gutes, Richtiges, ja Notwendiges.

Menschen mit solchen Eigenschaften werden als pingelig, pedantisch, rigide und eigensinnig bezeichnet. Ihre Art, die Welt zu sehen und sie zu gestalten, kann durchaus auch krankhafte Züge annehmen. Krankhaft werden solche Persönlichkeitseigenschaften, wenn sie im sozialen Miteinander nicht mehr funktionieren. Wenn sich der Betroffene durch sein Sosein von seinen Mitmenschen entfernt und nur noch Diener seiner eigenen Regeln und Normen wird. Diese Erkrankung bezeichnet man dann als eine »zwanghafte Persönlichkeitsstörung«.

Zwanghafte Menschen leiden meist nicht unter ihrem Perfektionismus, sondern halten ihn für eine positive Eigenschaft, die aus ihrer Sicht jeder haben sollte.

Wo liegen die Unterschiede?

Der entscheidende Unterschied zwischen »zwanghaft sein« und Zwangserkrankung ist, dass jemand mit einer zwanghaften Persönlichkeitsstruktur primär nicht unter seiner Art und Weise leidet. Ganz im Gegenteil, er strebt die Perfektionierung seines Tuns an und würde deshalb niemals von sich aus eine Therapie in Anspruch nehmen.

Eine Zwangserkrankung dagegen ist eine seelische Störung, deren Inhalte, wie wir beschrieben haben, von den Betroffenen als fremd, störend und veränderungsbedürftig angesehen werden. Nicht die Persönlichkeit als solches ist betroffen, sondern bestimmte Bereiche des Lebens funktionieren nicht mehr.

Früher glaubte man, dass Menschen mit Zwangserkrankungen auch zwanghaft sind. Heute wissen wir, dass dies nur in seltenen Fällen zutrifft. Weniger als 10% aller Zwangserkrankten haben zwanghafte Persönlichkeitszüge. Das ist wichtig, weil Sie, wenn Sie eine Zwangserkrankung haben, eben nicht unbedingt von sich sagen müssen, Sie seien zwanghaft! Es wird vielmehr so sein, dass Sie in einigen Lebensbereichen durchaus ganz zwanglos sein können und ganz unkompliziert mit den Dingen des Lebens umgehen.

Formen der Zwangserkrankung

Grundsätzlich unterscheidet man Zwangsgedanken und Zwangshandlungen. Meist treten jedoch beide Formen gemeinsam auf und lassen sich nicht streng voneinander abgrenzen.

Was sind Zwangsgedanken?

Dies sind Gedanken, Vorstellungen, Ideen, auch Impulse, die sich gegen den Willen der Betroffenen immer und immer wieder aufdrängen. Das Leidvolle: Es gibt keine angenehmen Zwangsgedanken – es sind immer sehr unangenehme, aggressiv gefärbte, oft moralisch verwerflich wirkende Inhalte. Sie haben nichts mit den eigenen Wünschen und Bedürfnissen der Betroffenen zu tun. Deshalb erscheinen sie ihnen fremd und nicht zu ihnen gehörig.

Definition: Zwangsgedanken

Zwangsgedanken kehren immer wieder. Sie drängen sich gegen den eigenen Willen auf, sind gegen eigene Wünsche und Bedürfnisse gerichtet und haben immer unangenehme Inhalte. Deshalb sind sie so quälend und können zu Angst und Depression führen.

Doch Sie können lernen, dass Zwangsgedanken gar nicht so bedrohlich oder gefährlich sind, wie sie zunächst scheinen. Dieser Eindruck entsteht jedoch, weil sich Zwangsgedanken nicht einfach abstellen lassen. Sie drängen sich ständig auf, behindern das normale Denken und Handeln, begleiten die Betroffenen manchmal den ganzen Tag über.

Die Angst, ungewollt unanständige Worte zu schreiben

Zwangsgedanken können etwa dazu führen, dass der fleißige Journalist, der für eine überregionale Zeitung tätig ist, plötzlich nicht mehr schreiben kann, weil sich ihm immer wieder der Gedanke aufdrängt, er könnte unanständige Worte in die Texte mischen. Er könnte Sätze schreiben, die andere verletzen oder beschämen. Bislang hat er deshalb immer und immer wieder das Verfasste kontrolliert, gelesen, kontrolliert, gelesen. Oft sitzt er Stunden und liest nur zwei Seiten. Manchmal kann er die Inhalte nicht mehr erfassen, weil die Worte verschwimmen und nur noch die einzelnen Buchstaben vor den Augen erscheinen. Mittlerweile schafft er seine Arbeit nicht mehr, er ist arbeitsunfähig geworden und hat große Angst, wenn er an seine berufliche Zukunft denkt.

Welche Inhalte haben Zwangsgedanken?

Zwangsgedanken haben meist aggressive, sexuelle oder blasphemische Inhalte. Im Zusammenhang mit Zwangshandlungen können auch Zwangsgedanken auftreten – dann meist mit den Themen Verschmutzung und Symmetrie. Das werden wir weiter unten erklären.

Zwangsgedanken mit aggressiven Inhalten

Diese richten sich meist gegen Menschen in der unmittelbaren Umgebung, Nachbarn, Freunde, Angehörige oder auch einfach gegen Menschen, denen man im Alltag begegnet. Seltener sind sie gegen den Betroffenen selbst gerichtet.

Solche aggressiven Zwangsgedanken können, wie z. B. die junge Mutter mit ihrem Baby, die wir schon kennengelernt haben, in die schwerste Krise ihres Lebens führen (siehe S. 15) – und sind doch, wenn man sie erkennt und richtig einordnet, mittlerweile gut zu behandeln.

Zwangsgedanken mit sexuellen Inhalten

Zwangsgedanken mit sexuellen Inhalten werden besonders belastend empfunden, weil sie dem Betroffenen selbst peinlich sind und schamvoll erlebt werden.

Sexuelle Zwangsgedanken am Arbeitsplatz

Einem jungen Mann, der in einer großen Computerfirma arbeitete, drängten sich ständig Gedanken auf, seine freundliche junge Kollegin unsittlich berühren zu können oder gar weitere sexuelle Aktivitäten unmittelbar am Arbeitsplatz auszuführen. Er ist glücklich verheiratet, auch die Mitarbeiterin ist »in festen Händen« – im Übrigen kennen sich die beiden seit langem, haben eine freundschaftliche Beziehung zueinander. Der junge Mann schämt sich wegen seiner Gedanken und traut sich nicht, jemandem etwas davon zu erzählen. Vielmehr zweifelt er an sich, fühlt sich für seine Gedanken schuldig – v. a. seiner Partnerin gegenüber, die natürlich nichts ahnt. Er meidet den kollegialen Kontakt, was die berufliche Situation zusätzlich kompliziert werden lässt.

AUS DEM LEBEN

Zwangsgedanken mit religiösen, blasphemischen Inhalten

Diese sind für Betroffene, die oft sehr gläubige Menschen sind, eine große Belastung. Beispielsweise wenn sich während des Gottesdienstes die Gedanken aufdrängen, in die vollbesetzte Kirche gotteslästerliche Worte und Sätze hineinzurufen. Das erschreckt nicht nur, sondern ruft erhebliche Selbstzweifel hervor und kann den Betroffenen regelrecht verzweifeln lassen, insbesondere wenn es sich um einen regelmäßigen Kirchgänger handelt und diese Gedanken beharrlich immer wieder auftreten und sich nicht abstellen lassen. In der Folge können ein schlechtes Gewissen, Schuldgefühle und Angst auftreten.

Was sind Zwangshandlungen?

Zwangsgedanken und Zwangshandlungen treten sehr oft gemeinsam auf. Manche Zwangshandlungen haben überhaupt nur den Zweck, Zwangsgedanken zu verdrängen bzw. diese besser auszuhalten (siehe Kap. 2).

Zwangshandlungen sind sich ständig wiederholende Handlungsabläufe, Verhaltensweisen und Rituale. Betroffene können sich nicht dagegen wehren, immer und immer wieder Handlungen auszuführen, obgleich sie um die Sinnlosigkeit oder Übertriebenheit wissen. Erst wenn sie die entsprechende Handlung ausgeführt haben, fühlen sie sich erleichtert, sind beruhigt, haben ein besseres Gefühl – und können den Alltagsgeschäften wieder nachgehen. Inhaltlich soll ein Unglück, etwas Schlimmes, gar eine Katastrophe verhindert werden: der Herd nicht Quelle eines Wohnungsbrands werden, die unverschlossene Tür nicht zum Diebstahl einladen u. ä. Für den Betroffenen entstehen im Zusammenhang mit Zwangshandlungen oft Schuldgefühle und ein schlechtes Gewissen.

Zwangshandlungen können sehr umfangreich, komplex und energieraubend sein (siehe Beispiel S. 47). In unserer langjähri-

---

WISSEN

Definition: Zwangshandlungen

Zwangshandlungen sind sich wiederholende Handlungsabläufe. Sie werden als sinnlos, mindestens übertrieben empfunden. Durch die Zwangshandlung soll Unheil, Schlimmes oder Katastrophales verhindert werden. Nach dem Ausführen der Handlungen stellen sich Entlastung, Erleichterung und ein gutes Gefühl ein. Auf Dauer gelingt es kaum, erfolgreich gegen Zwangshandlungen Widerstand zu leisten.

gen klinischen Praxis haben uns Betroffene immer wieder von neuen, komplizierten und unwahrscheinlich anstrengend klingenden Zwangshandlungen berichtet.

Welche Inhalte haben Zwangshandlungen?

Tipp
für Betroffene
Auf S. 97–102 finden Sie eine Checkliste für Ihre persönlichen Zwangssymptome.

Es scheint, als gäbe es keine Handlung, die nicht vom Zwang erfasst werden könnte.

Kontrollzwänge sind vor den Wasch- und Reinigungszwängen die häufigste Form von Zwangshandlungen. Erst danach kommen die Sammel-, Zähl- und andere seltenere Zwänge (wie z. B. die zwanghafte Langsamkeit).

Kontrollzwänge

Zum Kontrollzwang gehörte das Beispiel der Lehrerin, die vor dem Verlassen der Wohnung strenge Regeln zur Kontrolle elektrischer Geräte, Wasserhähne, Türen und Fenster aufstell-

Glassplitter in Obstkisten verstecken

Ein junger Mann geht abends auf dem Weg von der Arbeit nach Hause immer an einem Obst- und Gemüsehändler vorbei. Gern würde er frisches Obst und Gemüse einkaufen – aber das geht schon lange nicht mehr, denn er hat eine ausgeprägte Zwangserkrankung mit Zwangshandlungen und -gedanken – nur weiß es außer ihm selbst bisher niemand. Immer wenn er an dem Obststand vorbeigeht, drängt sich ihm der schreckliche Gedanke auf, er könnte spitze Gegenstände von der Straße (einen Glassplitter, einen kleinen scharfen Stein, ein kleines Stück Blech, das an ein abgebrochenes Fahrradutensil erinnert) in die Äpfel-, Birnen- oder Tomatenkisten stecken. Der nächste Kunde könnte sich verletzen – und er wäre Schuld, nicht auszudenken, welche Strafe ihn treffen könnte – er selbst zumindest würde keine Ruhe mehr im Leben finden. Mit diesen Gedanken beschäftigt er sich jeden Tag auf dem Heimweg. Als »Lösung« des Problems kauft er in diesem Geschäft nichts ein und geht auf der anderen Straßenseite nach Hause.

AUS DEM LEBEN

te (siehe S. 13). Dabei ist die Sorge, etwas Schlimmes oder Katastrophales könnte passieren, vorherrschend. Genauso ist es, wenn sich Zwangsgedanken und Kontrollhandlungen mischen, wie im Beispiel auf Seite 23.

Zwangserkrankte verbinden mit den Kontrollhandlungen so gut wie immer das Thema Schuld. Sie befürchten, durch ihr eigenes (fehlerhaftes) Tun, Schuld auf sich zu laden, andere zu schädigen und dafür die Verantwortung tragen zu müssen. Um dies zu vermeiden, unternehmen sie unvorstellbare Anstrengungen, oft solange, bis der Alltag zusammenzubrechen droht.

Wasch- und Reinigungszwänge
Wasch- und Reinigungszwänge können wie auch die bislang erwähnten Zwangssymptome sehr lange Zeit verheimlicht werden. Übertriebenes, zwanghaftes Waschen und Reinigen findet immer dann statt, wenn Befürchtungen und Ängste auftreten, man könnte sich beschmutzen, verunreinigen, infizieren u. ä. (siehe Beispiel S. 14).

Symmetrie- und Ordnungszwänge
Oft sind Symmetrieherstellen und übertriebenes Ordnunghalten miteinander verbunden.

Sammeln und Horten
Bei dieser Art von Zwängen ist es für Betroffene oft besonders schwer, trotz großer Belastung die nötige Einsicht und Motivation zur Veränderung zu finden. Haben sich doch Dinge und Sachen in übergroßer Zahl angesammelt, die aber alle einen großen persönlichen Wert für den Betroffenen haben (siehe Fallbeispiel auf S. 30).

Tipp
für Angehörige
Lassen Sie sich nicht in die Zwangsrituale einbeziehen. Das festigt lediglich den Zwang. Sie können dem Betroffenen nur helfen, wenn Sie »zwangsfrei« bleiben.

Alles muss genau geordnet sein

Diese Zwangshandlungen quälten eine unserer Patientinnen über 20 Jahre, bevor sie sich mit Unterstützung ihrer Tochter in der Sprechstunde vorstellte. Sie hatte keine Erklärung dafür, aber alle Dinge in ihrem Haushalt mussten gerade ausgerichtet, in einer unbedingten Reihenfolge, Anordnung und Symmetrie aufgestellt sein, sonst trieb sie eine unbändige Unruhe umher.

So fand sie es unerträglich, wenn der Ehemann Geschirr aus der Spülmaschine nahm und »einfach so«, quasi unsortiert in den Schrank stellte. Schnell musste sie Tassen, Teller, Gläser sortiert nach Größe, Farbe und Form ordnen und allen Dingen den fest angestammten Platz zuweisen. Genauso verhielt es sich mit den Bad- und Hygieneartikeln. Jedes Fläschchen hatte selbstverständlich seinen Platz. Dusch- und Badegel konnten nicht einfach abgestellt werden. Oft hatte die Frau stundenlang im Bad zu tun, um alle Artikel gerade, hinter- oder nebeneinander korrekt auszurichten. Nicht anders war es in Kleider- und Bücherschränken.

Der Ehemann und auch die Tochter hatten sich zunächst an die »Marotten« der Frau gewöhnt, ja hatten alles toleriert und zum Teil mitgemacht. Als jedoch die Familie bei Besuchen durch Schwiegersohn und Enkelkind »unübersichtlicher« wurde und die Betroffene gereizt und ungehalten auf die »Unordnung« der anderen reagierte, drohte das harmonische Familienleben zu zerbrechen.

Wiederholungen, Zählzwänge und magisches Denken

Diese Art von Zwängen tritt oft kombiniert mit anderen Zwängen auf und nicht selten verknüpft mit magischen Gedankengängen. Gegenstände werden mehrfach berührt – manchmal hat die Anzahl der Berührungen eine (gute) Bedeutung und Nicht-Einhalten dieser Zahl würde gleichgesetzt sein mit einem bevorstehenden Unheil für sich, v. a. aber für andere. Genauso können bestimmte Handlungsabläufe mehrfach ausgeführt etwas Gutes bedeuten oder eben etwas Schlechtes verhindern.

Zwanghafte Langsamkeit

Zuletzt wollen wir diese besondere Form der Zwänge noch kurz beschreiben. Sie ist nicht so häufig, aber für die Betroffenen immer mit einem großen Leidensdruck verbunden. Menschen mit zwanghafter Langsamkeit können für ein banales Alltagsritual, wie die Türklinke zum Badezimmer zu öffnen, eine halbe Stunde und mehr benötigen. Der Betroffene verharrt in der Haltung, mit der rechten Hand auf der Türklinke, die er aber nicht herunterdrücken kann. Die Betroffenen selbst können oft nicht verstehen oder erklären, warum sie in dieser Situation einfach nicht weiter können, warum es ihnen nicht gelingt, die Handlung abzuschließen oder zu beenden. Das macht die Beschwerden so quälend für sie.

Was sind gedankliche Zwangshandlungen?

Außerdem können auch gedankliche Zwangshandlungen oder Gedankenzwänge auftreten. Dabei werden in Gedanken bestimmte Situationen, in denen das Kontrollieren nicht möglich war, Schritt für Schritt immer wieder durchgespielt, wie das folgende Fallbeispiel zeigt.

AUS DEM LEBEN

Gedankenzwänge

Eine Studentin sitzt in der Vorlesung und kontrolliert in Gedanken, ob sie die Endfassung der letzten Hausarbeit, die sie vergangene Woche abgegeben hat, auch richtig zusammengesetzt, geheftet und abgegeben hat. Immer und immer wieder geht sie in Gedanken die ausgeführten Schritte durch – versucht sich an Dinge zu erinnern, vollzieht ihre Handlungen genau nach: Dort stand ich, dort lag dies und jenes dort. Ein Konzentrieren auf die aktuelle Vorlesungssituation ist nicht möglich.

In den nächsten Monaten wird sie von diesen Gedankenzwängen so sehr belastet sein, dass sie nicht nur diese eine Vorlesung, sondern ihr gesamtes Studium unterbrechen muss.

Gedankenzwänge können auch in Form von Zählzwängen vorkommen, nicht selten verknüpft mit magischem, ritualisiertem Denken.

Was sind Zwangsspektrum-störungen?

Unter Zwangsspektrumstörungen fasst man Erkrankungen zusammen, die aufgrund ihrer Symptome und aufgrund der Bedingungen und Ursachen, die zu den jeweiligen Erkrankungen führen, eine gewisse Ähnlichkeit mit Zwangserkrankungen haben. Sie befinden sich quasi in der Nähe, im Spektrum von Zwangserkrankungen, was für die Diagnostik und für therapeutische Maßnahmen wichtig ist. Zu den Zwangsspektrumstörungen gehören u. a.

- Hypochondrie: Körperlich gesunde Menschen sind davon überzeugt, eine schwere Krankheit zu haben.
- Essstörungen: Betroffene essen aus inneren Zwängen heraus extrem viel bzw. extrem wenig und schädigen damit ihren Körper.
- Trichotillomanie: zwanghaftes Haareausreißen.
- Kleptomanie: krankhafter Trieb, Dinge zu stehlen, ohne Bereicherungsabsicht.
- Tick-Störungen: unwillkürliche, unregelmäßig wiederkehrende Muskelzuckungen.

Es gibt viele Überschneidungen der Symptombereiche und manchmal bestehen auch eine Zwangserkrankung und z. B. eine Tic-Störung nebeneinander her. Für die Aufstellung des Behandlungsplans sollte eine gute Abgrenzung der Krankheitsbilder erfolgen, denn es gibt unterschiedliche Herangehensweisen für die einzelnen Beschwerden.

Trichotillomanie – zwanghaftes Haareausreißen

Trichotillomanie (aus dem Griechischen: trichos = Haar; tillein = rupfen; mania = Raserei) bezeichnet zwanghaftes Haareausreißen und beschreibt damit eine psychische Erkrankung, die zum überwiegenden Teil junge Mädchen und Frauen am Übergang von der Adoleszenz zum jungen Erwachsenenalter betrifft. Die jungen Frauen rupfen sich zwanghaft Haare aus. Meist findet hinterher ein zwanghaftes Beschäftigen mit dem Haar statt, nicht selten werden die Haare zerbissen oder verschluckt. Es kann alle behaarten Körperstellen betreffen, meist jedoch das Kopfhaar, die Wimpern und Augenbrauen. Obgleich dieses Verhalten von den Betroffenen als belastend und leidvoll empfunden wird und sie in die Therapie führt, ist damit oft auch etwas Lustvolles verbunden. Das unterscheidet die Trichotillomanie u. a. von Zwangserkrankungen und ist therapeutisch sehr wichtig.

Wie verläuft die Erkrankung?

Die Zwangsstörung beginnt in der Regel im frühen Erwachsenenalter bzw. schon in der Adoleszenz, und bei fast allen Betroffenen schleichen sich die Zwänge ganz allmählich, oft über Jahre ein. Ein plötzlicher Beginn, etwa nach einem belastenden Lebensereignis, ist eher selten, obwohl diese den Verlauf oder den Ausbruch einer Zwangserkrankung durchaus beschleunigen können.

Besonders überraschend ist, dass es im Durchschnitt erst nach 10–15 Jahren Erkrankungsdauer zu einem ersten Kontakt mit einer therapeutischen Einrichtung kommt. Zu diesem Zeitpunkt sind viele Zwänge bereits sehr hartnäckige Begleiter der Betroffenen geworden und es besteht die Gefahr eines chronischen Krankheitsverlaufs.

TIPP FÜR ANGEHÖRIGE

Macke oder Zwang?

Es ist deshalb so wichtig, erste Auffälligkeiten frühzeitig als Zwänge, als etwas Krankhaftes zu entdecken. Geben Sie sich nicht mit Aussagen wie »Das sind eben meine Macken« zufrieden oder beruhigen sich selbst: »Unsere Tochter ist eben besonders penibel«. Um etwas gegen eine Zwangserkrankung tun zu können, sollte sie so frühzeitig wie möglich erkannt werden, um mit einer Behandlung beginnen zu können. Nur das verhindert einen chronischen, quälenden Krankheitsverlauf.

Die Zwänge schleichen sich ein

Oft ist den Betroffenen schon lange vor den Angehörigen klar, dass ihre immer wiederkehrenden Gedanken- oder Verhaltensrituale schon nicht mehr »normal« sind, was sie jedoch aus Scham lange Zeit verborgen halten. Manchmal, wie im folgenden Beispiel, ist der Erkrankte selbst jedoch lange Zeit genauso ahnungslos wie die Angehörigen.

Lassen Sie es nach Möglichkeit nicht so weit kommen, wie in diesem Beispiel, das anschaulich zeigt, wie die Zwänge sich immer weiter ausbreiten – in diesem Falle auch räumlich sichtbar – und damit die Lebensqualität des Betroffenen immer mehr einschränken. Wenn Sie den Zwängen nichts entgegensetzen, werden sich diese mit großer Wahrscheinlichkeit ausweiten und verfestigen, aber so gut wie nie »einfach von selbst« wieder verschwinden.

Untersuchungen zur Inanspruchnahme professioneller Hilfe von Zwangserkrankten haben gezeigt, dass erst nach durchschnittlich 10–15 Jahren unbehandelter Krankheitsdauer therapeutische Hilfe in Anspruch genommen wird. Dann sind die meisten Zwänge bereits soweit chronifiziert, dass eine Veränderung mit psychologischen Mitteln schwer bzw. nur mit äußerster Anstrengung aller Beteiligten gelingt.

Der Sammelzwang blieb jahrelang unbemerkt

»Ich hab in den ersten Jahren nichts weiter bemerkt. Manchmal war ich verunsichert, habe aber eigentlich nicht so richtig gewusst, was oder dass überhaupt etwas los ist«, dies beschrieb ein 31-jähriger Patient, der sich mit einem ausgeprägten Sammelzwang in unserer Sprechstunde vorstellte. Er kam erst, nachdem die Eltern sich geweigert hatten, eine zweite Wohnung für das Angesammelte des Sohnes anzumieten.

Einzelgänger

Dieser war als Computerspezialist in seiner Firma beliebt und beruflich viel unterwegs. Kaum eine fachspezifische Broschüre, ein Journal oder eine Zeitschrift entging ihm. Er war interessiert und belesen. Darüber hinaus war er immer ein Einzelgänger, aber das liebte er. Partnerschaften hatten nur kurz angehalten, er vermisste aber auch nichts. Freunde ließen sich in dem Bereich, der ihn interessierte, kaum finden. Kompromisse wollte er nicht schließen, dazu hatte er auch keine Zeit. So verbrachte er außerhalb seiner beruflichen Geschäfte ab und an Zeit mit den Eltern, die er dann meist in deren Wohnung besuchte.

Der Sohn benötigt eine zweite Wohnung

In die eigenen vier Wände kam schon lange niemand mehr, was die Eltern in den letzten Monaten mehr und mehr beunruhigt hatte. Als ihnen der Sohn sein Anliegen vorbrachte, ihm bei der Suche nach einer zweiten(!) kleinen Wohnung behilflich zu sein, um all seine Sachen unterzubringen, schien sich eine böse Vorahnung der Eltern zu bestätigen. Irgendetwas war mit ihrem Sohn nicht in Ordnung, dem sollte man nachgehen.

Die Erste war völlig vollgestellt

Schließlich wurde deutlich, dass es in seiner Wohnung keine frei begehbaren Wege mehr gab. Alles war vollgestellt mit leeren Flaschen, Dosen, Gegenständen des Alltags, die offensichtlich nach dem Verbrauch nicht entsorgt worden waren. Zeitungen, Broschüren und Papier jeglicher Art waren aufbewahrt und wohl in einer gewissen Ordnung angesammelt worden. Computerteile, Ersatz- und Neuwaren befanden sich in und auf Schränken, Ablagen, in den Gängen der Wohnung. Das Bad schien gänzlich als Abstellraum umfunktioniert, einzig das WC war durch geschicktes Hüpfen zu erreichen. In der Küche diente eine kleine Ablagefläche dazu, Essen zuzubereiten, wobei auch hier nur ein Fuß den anderen ablösen konnte, um überhaupt noch zu treten. Geschlafen hatte er nur noch auf einer ausrollbaren Isoliermatte im Flur, denn auch das Schlafzimmer war anderweitig genutzt worden. Ein gesunder Alltag fand nur noch an seinem Arbeitsplatz statt.

Darüber hinaus treten auch häufig Ängste und depressive Verstimmungen im Gefolge von Zwangserkrankungen auf bzw. begünstigen diese.

Angst gehört oft dazu

Zwangserkrankungen werden häufig von dem Gefühl der Angst begleitet. Viele von Ihnen wissen aus eigener Erfahrung, wie viel Ängste, Sorgen und Befürchtungen mit dem Thema Zwangserkrankung verbunden sind. Diese Art von Ängsten ist aber gewissermaßen ein Begleitsymptom der Zwangserkrankung und wird in der Therapie auch so behandelt.

Angst ist im Zusammenhang mit der Zwangserkrankung ein sehr vielschichtiges Phänomen. Einerseits kommen Betroffene häufig erstmals in die Behandlung mit der Aussage, sie hätten eine Angsterkrankung, weil sie Angst hätten, dass... und dann werden typische Zwangssymptome berichtet. Das heißt, die Angst ist für die Betroffenen häufig das vordergründigste Symptom bzw. das, was sie am besten benennen können.

Körperliche Angstsymptome

Zum anderen ist »Angst« ein Begriff, der mit vielen, sehr unterschiedlichen körperlichen Empfindungen einhergeht und sich deshalb bei den verschiedenen Betroffenen sehr unterschiedlich äußern kann:

- Kloßgefühl im Hals,
- Zittern in den Beinen,
- weiche Knie,
- Herzrasen,
- Luftnot,
- mulmiges Gefühl in der Magengegend usw.

Für die therapeutische Arbeit ist es wichtig, dass Betroffene ihre ganz individuellen Angstsymptome erkennen, benennen und schließlich bewältigen, das heißt aushalten können, ohne die Zwangsrituale auszuführen.

Wichtig

Angst ist eines der führenden und belastenden Symptome bei einer Zwangserkrankung. Es ist wichtig, das Phänomen Angst genau zu beschreiben, dann kann man es gut bewältigen.

Eigenständige Angsterkrankung

Eine eigenständige Angsterkrankung kann jedoch z. B. als eine isolierte Phobie, also eine Angst vor bestimmten Situationen oder Dingen (z. B. Spinnenphobie) oder auch als eine generalisierte Angststörung mit und ohne Panikattacken auftreten. Dies sind ähnliche Störungen, aber keine Zwangserkrankung im engeren Sinne, was für die Behandlung ganz entscheidend ist.

Depression

Ähnlich verhält es sich mit depressiven Erkrankungen. Die meisten von Ihnen wissen, dass depressiv sein im Sinne von gedrückt, traurig, manchmal verzweifelt sein bei Zwängen auftreten kann. Eine Depression ist aber eine eigenständige Erkrankung. Man weiß jedoch, dass etwa ein Drittel aller Zwangserkrankten gleichzeitig an einer depressiven Erkrankung leiden.

Das ist nicht verwunderlich, wenn man bedenkt, wie quälend die Zwänge sind und wie stark sie die Lebensqualität der Betroffenen beeinträchtigen. Unter der drückenden Last von Zwangshandlungen und Zwangsgedanken wird es dann für die Betroffenen oft schwer, ihre Alltagspflichten zu bewältigen bzw. Lust und Freude an ihrem Leben zu haben. Nicht selten sind sie verzweifelt und ohnmächtig der depressiven Stimmung gegenüber, grübeln über den Sinn ihres Lebens oder meinen, es mache gar keinen Sinn mehr, irgendwelche Aktivitäten anzugehen. In diesen Fällen tritt der eigentliche Zwang nicht selten in den Hintergrund und es muss zunächst die Depression behandelt werden.

Bei Zwangserkrankungen, die viele Jahre meist unbehandelt bestanden haben, können auch andere Folgeerkrankungen eintreten, die für die Betroffenen eine zusätzliche Behinderung darstellen. Bei Patienten mit Waschzwängen wird beispiels-

weise häufig die Haut so stark gereizt, dass es zu behandlungs-
bedürftigen Hauterkrankungen (der sogenannten Kontaktder-
matitis) kommt.

WISSEN

Können Zwangserkrankungen schon im Kindesalter beginnen?

Wir unterscheiden heute sogenannte juvenile, d. h. Zwangserkrankungen mit Beginn im Kindes- und Jugendalter, von
sogenannten adulten, also Zwangserkrankungen mit Beginn
im Erwachsenenalter. Inhaltlich können erstere grundsätzlich
ähnlich wie bei Erwachsenen aussehen. Diese kindlichen Formen der Erkrankung zu erkennen, fällt jedoch häufig schwer.

Denn gerade im Kindesalter sind bestimmte Rituale, auch
magisches Denken völlig normal und wichtig für die gesunde Entwicklung des Kindes. Denken wir an bestimmte Gute-
Nacht-geh-Rituale oder die spannend-gruseligen Geschichten
von Kindern, um vermeintliche Geister und Gespenster zu ver-
treiben, die sich nachts einschleichen, wenn nicht ein ganz be-
stimmtes Kuscheltier im Bett ist etc.

Eine sichere Abgrenzung von den sich schleichend entwickelnden Zwängen kann tatsächlich insbesondere für Eltern
sehr schwer sein. Eltern sollten hier nicht in Panik verfallen –
in der überwiegenden Zahl der Fälle sind solche Phänomene
normal und eben keine beginnende Zwangserkrankung. Auch
hier gilt: Erst wenn der normale, spielerische Alltag der Kinder
anhaltend beeinflusst wird, sollte ein Kinderarzt ins Vertrauen
gezogen werden – noch bevor dem Kind das Gefühl gegeben
wird, »du bist krank«.

Stigmatisierungserfahrungen

Stigmatisierung, Diskriminierung und Ausgrenzung sind Phänomene, die in unserem Alltag immer dann vorkommen, wenn Andersartigkeit toleriert werden muss. Andersartigkeit kann das Aussehen, die Hautfarbe, die Körpergröße, die Sprache, den Intellekt, den sozialen Status und vieles mehr betreffen. So gesehen ist Stigmatisierung etwas, das im normalen Alltag jeden Tag vorkommt.

Auch Menschen mit Zwangserkrankungen sind anders als andere und können demnach stigmatisiert werden. Leider sind aber eben auch zwangserkrankte Menschen, die selbst Andersartigkeit ablehnen können, eben wie andere ganz normale Menschen auch. Das macht die Sache kompliziert.

Zwangsgedanken mit aggressiven oder obszönen Inhalten werden von den Betroffenen als unangemessen und fremdartig erlebt. Betroffene empfinden diese Gedanken und damit oft sich selbst als ablehnungswürdig.

Angst vor Ablehnung

Aber auch die verschiedenen Zwangshandlungen sind oft skurril und abstrus, wirken umständlich oder weltfremd. Das wissen Zwangserkrankte und schämen sich dafür. Es ist ihnen peinlich, sie sind unangenehm berührt, wenn andere Menschen diese Verhaltensweisen bemerken. Umso mehr sind sie auch bemüht und tun alles dafür, ihre Zwänge geheim zu halten. Es ist anzunehmen, dass Zwangserkrankte durch Geheimhaltung der Symptomatik die von ihnen befürchtete Ablehnung bereits von vornherein vermeiden. Eine Bewältigungsstrategie, über die noch zu sprechen sein wird. Diese »Vorsichtsmaßnahme«, die Zwangserkrankte mit Hilfe der Geheimhaltung treffen, scheint sogar in gewisser Weise berechtigt zu sein.

Tatsächlich haben Betroffene in Untersuchungen angegeben, dass sie Ablehnung und Zurückweisung in persönlichen Kontakten mit Menschen ihrer Umgebung erfahren. Insbesondere am Arbeitsplatz wurde von großen Ängsten und Befürchtungen, abgelehnt zu werden, berichtet. Allerdings war deutlich, dass eben die Befürchtung, abgelehnt zu werden, größer war, als die reale Erfahrung von Ausgrenzung oder Zurückweisung. Das nun wieder scheint uns der wichtigste Aspekt. Denn im Zusammenhang mit dem oben Genannten entsteht ein Teufelskreis: Zwangserkrankte fürchten Zurückweisung aufgrund ihrer Symptome und halten diese geheim. Gerade am Arbeitsplatz ist die Angst, »entdeckt« zu werden, am größten. »Unentdeckte Zwangskranke« setzen sich aber u.a. am Arbeitsplatz der sogenannten normalen Umgebung, den normalen Arbeitskollegen und auch der normalen Stigmatisierung aus. So gesehen ist Geheimhaltung nicht unbedingt nur nützlich. Geheimhaltung trägt auch dazu bei, dass Zwangskranke quasi ungeschützt der normalen Stigmatisierung von Andersartigem, wie es jeden Tag vorkommt, ausgesetzt sind.

So kann es sein, dass ein zwangserkrankter Büroangestellter miterleben muss, wie Kollegen in seiner Gegenwart über »den Verrückten aus der Zeitung« reden und urteilen. Er kann erfahren, dass über »die Macke, die der Pförtner mit den Türen hat«, nämlich immer in einer bestimmten Reihenfolge die Türen im Bürohaus über einige Etagen hinweg zu kontrollieren, äußerst abwertend gelästert wird. Dies kann seine eigenen Befürchtungen bezüglich seiner eigenen Kontrollhandlungen verstärken und die Leistungsfähigkeit an seiner Arbeitsstelle beeinträchtigen. So kann befürchtete und erlebte Stigmatisierung zu einer erheblichen Belastung werden.

Den Angehörigen sind die Zwangshandlungen oft peinlich

So ist es gar nicht selten, dass sich eine Partnerin schämt, in Gegenwart ihres kranken Mannes im Haus den Nachbarn zu begegnen. Die könnten ja schon bemerkt haben, wie lang und »unsinnig« der betroffene Partner täglich an der Wohnungstür rüttelt und zerrt. Die Angehörige ist peinlich berührt und vermeidet künftig gemeinsame Spaziergänge.

Befürchtungen dieser Art gibt es auch im engsten Familienkreis. Häufig sind nahe Verwandte lange nicht mehr eingeladen worden, weil vermieden werden soll, dass der Erkrankte in der Familie durch seine Zwänge unangenehm »auffällt«.

Ein Sohn etwa verweigert sich dem Vater. Er will nicht mehr mit jemandem gemeinsam die Straßenbahn benutzen, der durch seine mehrfachen Kontrollen am Sitzplatz und durch seine umfangreichen Wischrituale an den Haltegriffen den Mitfahrenden sofort peinlich auffällt. So vermeidet er gemeinsame Aktivitäten, um der schamvollen Stigmatisierung durch andere aus dem Weg zu gehen.

Es wird deutlich, dass Stigmatisierung und Ausgrenzung von Betroffenen und Angehörigen gleichermaßen erfahren und auch ausgeübt werden können. Und es zeigt sich auch, dass diese Erfahrungen die Beziehungen zwischen Betroffenen und Angehörigen zusätzlich belasten können.

Welche Belastungen erleben die Angehörigen?

Nicht nur die Betroffenen selbst erleben unter der »Zwangsherrschaft« Leid und extreme Einschränkungen ihrer Lebensqualität, auch die Angehörigen – Eltern, Geschwister, andere nahe Verwandte, der Lebenspartner – sind erheblich »mitbetroffen« von der Erkrankung. Lassen Sie uns in eine konkrete Familiensituation hineinschauen:

Auch für die Familie sind die Zwänge sehr belastend

Die Zwangserkrankung und ihre Auswirkungen auf den gemeinsamen Familienalltag können für Angehörige zu einer erheblichen Belastung werden. Ja es kann vorkommen, dass Angehörige selbst professionelle Hilfe in Anspruch nehmen

Wichtig
Es ist wichtig, dass Betroffene und Angehörige den Mut haben, frühzeitig miteinander über Veränderungen und Auffälligkeiten zu reden.

müssen, um dieser Aufgabe, dem Umgang mit einem zwangserkrankten Betroffenen, gewachsen zu sein.

»Bin ich selbst schuld?«

Frau R. ist 55 Jahre alt, berufstätig in Teilzeit als Abteilungsleiterin in einer kleinen Firma in kleinstädtischer Umgebung am Wohnort. Sie hat ihren nunmehr 28-jährigen Sohn seit der Trennung vom Vater des Patienten allein großgezogen – darauf ist sie stolz. Obgleich ihr Sohn in jener Zeit, als der Vater die Familie verließ, schwieriger wurde. Der ehemals beste Schüler der Klasse hatte nun Probleme, den Anforderungen in der Schule gerecht zu werden, verbrachte die meiste Freizeit allein und zurückgezogen, redete immer weniger mit der Mutter über seine Interessen, Wünsche oder Probleme.

Schließlich musste Frau R. erkennen, dass ihr Sohn in Not war, einfache Angelegenheiten des Alltags zu verrichten: immer »unfähiger« war er, »normal« zu essen und zu trinken. Speisen wurden sorgfältig nach ihrer Herkunft und möglicher Verunreinigung aussortiert. Einkaufen wurde zu einer ganztägigen Tortur und konnte vom Sohn nur noch mit erheblichen »Vorsichtsmaßnahmen« und mit umfangreichen Reinigungsritualen bewältigt werden.

Das Zusammenleben wurde unerträglich

Das Zusammenleben mit dem Sohn in der gemeinsamen Wohnung wurde für Frau R. fast unerträglich, was sie sich jedoch erst Monate später eingestehen konnte. Zunächst war sie bereit, alles zu tun, um dem Sohn zu helfen, ihm die anstrengenden Handlungen zu erleichtern oder gar die von ihm vorgegebenen Verrichtungen selbst zu übernehmen. Schließlich ging sie dazu über, ihren eigenen Alltagsablauf ganz auf die vom Sohn diktierten Regeln und »Normen« umzustellen. Im Haushalt wurden nur noch die Speisen und Getränke verzehrt, die für ihren Sohn akzeptabel waren, Reinigungs-, Säuberungs- und Waschrituale wurden in der Abfolge getätigt, wie es dem Sohn erträglich schien.

Die »Krankhaftigkeit« trat zutage

Manchmal fragte sich Frau R., warum sich ihr Leben so verändert hatte, grübelte, ob sie nicht selbst »schuld« sei, dass der Sohn solche »Eigenarten« entwickelt hatte. Erst sehr spät kam ihr der Gedanke, dass es sich auch um etwas »Krankhaftes« handeln und sie einen Arzt, vielleicht ihren Hausarzt aufsuchen könnte. Zu dieser Zeit hatte ihr Sohn ein begonnenes Studium abgebrochen, bewegte sich nur noch in der Wohnung zur Verrichtung banaler Alltagshandlungen und war den überwiegenden Teil des Tages beschäftigt, seine Zwangshandlungen durchzuführen. Kontakt nach außen gab es quasi nicht mehr. Die Mutter hatte sich endlich entschlossen, das lang gehütete Geheimnis über die »Veränderung« ihres Sohnes dem Hausarzt mitzuteilen, der schließlich weitere hilfreiche Schritte einleitete.

Erkennen, dass es nicht nur seltsame Eigenarten sind

Angehörige von Zwangserkrankten berichten darüber, dass es ihnen schwerfällt, Veränderungen und Verhaltensauffälligkeiten des erkrankten Familienmitgliedes als »Erkrankung« zu erkennen. Für sie sind es zunächst »Ticks«, »Eigenarten«, »Macken«, die eigentlich »schon immer da waren«, allenfalls schlimmer geworden sind.

Anderenfalls werden Persönlichkeitseigenschaften vermutet, die sich plötzlich entwickelt haben und denen »man sich stellen müsse«, die also potenziell »mit gutem Willen« veränderbar seien. Das kann zu erheblichen Missverständnissen und Beeinträchtigungen der Beziehung führen:

Als Erkrankung können nur wenige Angehörige die wahrgenommenen Veränderungen einordnen. Deshalb reden sie auch nicht darüber mit anderen Leuten, Bekannten oder Verwandten. Sie schämen oder ärgern sich, dass ihr Familienmitglied »so geworden« ist. In dieser Situation bleibt den Angehörigen oft nichts anderes übrig, als sich aus dem Bekannten-, Freundes-, manchmal auch Familienkreis zurückzuziehen. Rückzug und Isolation sind also die Folgen.

> **AUS DEM LEBEN**
>
> **»Ich dachte, er hat eben Macken«**
>
> »Ich wusste ja von der Krankheit gar nicht, dass es die gibt und man dachte immer, er hat eben seine Macken. Jeder hat ja irgendwie besondere Eigenheiten, und erst als er mir gesagt hat, so geht das mit mir nicht mehr weiter, ich kann so nicht weiterleben, da hab ich erst mal den vollen Umfang erkannt«, schilderte die Freundin eines Betroffenen.

Die Angst, der Partner macht seine Zwangsgedanken wahr

Manchmal können Partnerschaften auch an der Zwangserkrankung zerbrechen. Es ist eine große Herausforderung für ein Paar, die vielfältigen Einschränkungen des Alltags, die der Zwang dem Betroffenen und dem Angehörigen zumutet, auszuhalten bzw. zu bewältigen. Obgleich die Beziehung zwischen Eltern und Kindern oder Geschwistern im engeren Sinne nicht »auflösbar« ist, können natürlich auch Eltern- und Geschwisterbeziehungen durch Zwänge erheblich belastet und extrem strapaziert sein.

»Ich bin wie eine Wilde nach Hause gefahren«

Eine Partnerin war zunächst nur noch in Angst und Sorge, nachdem ihr Ehemann ihr von seinen Zwangsgedanken, dem gemeinsamen Sohn etwas antun zu müssen, erzählt hatte: »Na, das hat uns schon in unserem Aktionsradius eingeschränkt und auch erst mal von den Freunden zurückgezogen. Ich hab immer zugesehen, dass ich von der Arbeit so schnell wie möglich nach Hause kam, weil er da immer mit unserem Sohn allein war. Da bin ich wie eine Wilde nach Hause gefahren, nur um da zu sein.« Sie hatte sich zunächst aus ihrem sozialen Umfeld zurückgezogen, bevor sie sich während des therapeutischen Prozesses des Partners Wissen und Informationen über die Erkrankung angeeignet hatte. Zunehmend konnte sie wieder Vertrauen und Optimismus aufbauen. Und mehr noch: Das Paar hat es gerade in dieser schwierigen Situation geschafft, sich auf die positiven Inhalte seiner Partnerschaft zu konzentrieren.

Wie fühlen sich Kinder zwangserkrankter Eltern?

Erwachsene Kinder von zwangserkrankten Eltern haben oft ein ganzes Leben lang ihre Eltern mit Zwängen kennen gelernt. Zwänge gehören für diese Kinder quasi zum Sosein und manchmal auch zum Normalsein der Eltern über viele Jahre dazu. Im sozialen Umfeld dieser Kinder, meist in der Schulzeit um das 10. Lebensjahr herum, zeichnet sich dann jedoch die Andersartigkeit der Eltern von der »allgemeinen Norm« ab, denn Eltern von Mitschülern sind anders. Dann wird es für diese Kinder schwierig. Es wird zunehmend belastend. Ihr eigener Alltag ist beeinträchtigt und erheblich eingeschränkt.

So organisieren sich diese Kinder ihren eigenen Lebensalltag außerhalb der zwangsdiktierten Welt der Eltern. Sie sind in dieser Situation oft nicht vor eine Wahl gestellt. Sie leben einerseits mit in der gemeinsamen (normalen) Realität ihrer Eltern, in der die Zwänge verheimlicht, verschwiegen, tabuisiert werden. Ihre im Generationsprinzip definierte Autorität den erkrankten Eltern gegenüber bestimmt, dies zu akzeptieren. Sie trauen sich einfach nicht, diese unangenehmen Dinge anzusprechen. Andererseits kommen Kinder in die Helferposition. Sie übernehmen dann leicht die Rolle eines Erziehers, weil sie sich in der Auseinandersetzung mit den Zwängen als deutlich kompetenter erleben. Sie sehen sehr schnell, wie unsinnig die »überzogenen« Waschrituale der Mutter sind oder wie »lächerlich« das Kontrollieren des Vaters in der Öffentlichkeit wirken muss. Kinder von zwangserkrankten Eltern sind in einer misslichen Lage. Sie sind erheblichen Belastungen ausgesetzt und bedürfen der Hilfe und der Unterstützung bei der Bewältigung dieser »Zwangslage«.

AUS DEM LEBEN

Die Tochter schämt sich für ihre Eltern

Eine Tochter kann nicht »zwanglos« Freunde mit nach Hause bringen, weil dort der Reinigungszwang der Mutter regiert. Wenn auch die 13-Jährige selbst alle Wasch- und Reinigungsrituale genauso, wie es die Mutter verlangt, vollzieht, dann kann sie das jedoch ihren Freundinnen nicht zumuten. Wenn sie selbst schon mehrfache Kleidungswechsel innerhalb des Hauses entsprechend den »Kontaminationsstufen« des Zwanges der Mutter befolgt und wenn sie selbst schon das Geschirr nur nach genau definierten Regeln und Abfolgen säubert, so könnte das nicht einmal ihre beste Freundin verstehen. Sie würde sich unendlich schämen.

Eltern erkrankter Kinder als »Zwangskomplizen«

Eltern von zwangserkrankten erwachsenen Kindern wiederum können ihre Elternrolle auch nicht außerhalb des Zwanges ablegen. Ihre Kinder bleiben Kinder, denen man kaum Verantwortung übertragen oder abverlangen kann. So wie wir Frau R. als Mutter eines zwangserkrankten Sohnes bereits vorgestellt haben (siehe S. 38), so gestalten sich Eltern-Kind-Beziehungen

Eltern lassen sich häufig ins Zwangssystem einspannen

Es war sehr beeinträchtigend für einen Vater, der seinen erwachsenen Sohn täglich mehr als 50 Kilometer zum Studienort im eigenen PKW fahren »musste«, weil dieser unter keinen Umständen lange Strecken und öffentliche Wege allein und unkontrolliert zurücklegen konnte. Zwangsgedanken aggressiven Inhaltes, jemanden anderen im öffentlichen Kontakt Schaden zuzufügen, hinderten ihn daran.

Nicht nur der Vater hatte seine berufliche Tätigkeit ganz auf die Fahrdienstaktivitäten um den Sohn herum organisiert, auch eine nette Kommilitonin im Studienjahr hatte sich bereiterklärt, umfangreiche Hilfe zu leisten. Sie selbst hatte ihren Tages- und Studienablauf so organisiert, dass sie den Mitstudenten noch gut begleiten, betreuen und v. a.

kontrollieren konnte. Und die Mutter des Studenten war ohnehin als Hausfrau den ganzen Tag verfügbar und hatte sich an die eingeforderten Rückversicherungen ihres Sohnes, er habe in dieser oder in jener Situation niemanden verletzt oder beschimpft, gewöhnt. Dies hatte sie mittlerweile als ihre Pflicht begriffen.

Die umfangreichen Einschränkungen im eigenen Alltag hatten die Eltern und die Studienkommilitonin erst spät anzusprechen gewagt. Vor allem der Vater hatte »irgendwie Schuldgefühle meinem Sohn gegenüber (...), wahrscheinlich haben meine Frau und ich ja irgendetwas falsch gemacht in der Erziehung. Wir haben immer viel verlangt von unseren Kindern. Vielleicht bei ihm zu viel?«, so versuchte er später sein Tun zu erklären.

in dieser Konstellation häufig. Einerseits wollen Eltern nur alles Gute für ihr Kind. Sie sehen Auffälligkeiten im Verhalten, sie sehen, dass es dem Kind schwerfällt, bestimmte Handlungen zu vollziehen. Sie bemerken, dass bestimmte Alltagspflichten nur umständlich, manchmal gar nicht mehr realisiert werden können. Ihre Kinder signalisieren Hilfebedarf und Eltern helfen. Das ist doch ganz normal, werden Sie sagen. Ja, ist es. Aber Eltern werden in dieser Weise nicht zu Helfern ihrer Kinder. Sie werden Komplizen und Helfer des Zwangs!

Natürlich leiden auch Eltern unter den Zwängen ihrer Kinder. Und sie dürfen, ja sie sollen das äußern. Eltern von zwangserkrankten Kindern sollen ihre Belastung, die sie im täglichen Miteinander erfahren, ansprechen.

ZUSAMMENFASSUNG

Diagnose und Symptome

Was ist »normal«? Wann besteht eine Zwangserkrankung?
Jeder Mensch hat bestimmte Regeln, Verhaltensweisen, Eigenarten oder zwanghafte Gewohnheiten, auch Ticks und Marotten, die seinen Alltag bestimmen. Krankhaft werden diese erst, wenn sie das soziale Leben und persönliche Beziehungen beeinträchtigen oder gar verhindern. Der Übergang zwischen »normal« und »krankhaft« ist fließend und deshalb oft schwer zu erkennen. Angehörige können beim Erkennen dieses Prozesses eine hilfreiche und wichtige Rolle spielen.

Welche Formen der Zwangserkrankung gibt es?
Man unterscheidet Zwangsgedanken und Zwangshandlungen, oft treten gemischte Formen auf. Zwangsgedanken drängen sich ständig und unbeeinflussbar auf und haben immer einen unangenehmen Inhalt, der nichts mit dem eigentlichen Willen und Wollen der Betroffenen zu tun hat. Deshalb werden Zwangsgedanken als äußerst quälend erlebt. Zwangshandlungen sind wiederholende Handlungen und Rituale, die trotz Widerstand und Einsicht in die Übertriebenheit oder Unsinnigkeit immer wieder ausgeführt werden müssen. Nach Ausführung verschaffen sie dem Betroffenen eine kurze Entlastung, langfristig engen sie den sozialen Aktionsradius erheblich ein. Angehörige werden oft unbemerkt zu »stillen Helfern« des Zwangs.

Welche wichtigen Abgrenzungen zu anderen Erkrankungen sind zu beachten?
Symptome einer Angsterkrankung oder einer Depression können bei Zwangserkrankungen auftreten, ebenso können sie als eigenständige Erkrankungen bestehen. Eine Unterscheidung ist für die Therapie wichtig. Sogenannte Zwangsspektrumstörungen sind ähnliche Erkrankungen, die sich manchmal gemeinsam mit Zwangserkrankungen entwickeln. Eine sehr häufige Störung aus diesem Spektrum ist das zwanghafte Haareausreißen (Trichotillomanie).

Welche Belastungen ergeben sich aus der Zwangserkrankung für Betroffene und Angehörige?
Wenn Zwangserkrankungen über eine lange Zeit bestehen, engen sie das soziale Leben erheblich ein und belasten Betroffene und Angehörige gleichermaßen. Stigmatisierung und Ausgrenzung im Beruf und im persönlichen Leben sind Phänomene, die zusätzlich auftreten können.

Betroffene und Angehörige sollten über ein umfangreiches Wissen über die Erkrankung verfügen, um gemeinsam Bewältigungsstrategien entwickeln und durchführen zu können.

2 Ursachen

Wie entstehen Zwangserkrankungen?

Eine Zwangserkrankung kann vielfältige Ursachen haben. Meistens wirken unterschiedliche Einflüsse zusammen und ergeben ein komplexes Geflecht, das sich nur schwer durchschauen lässt. Darum werden in diesem Kapitel die einzelnen möglichen Faktoren getrennt dargestellt. Am Ende laden wir Sie dazu ein, einen Blick in das Dickicht der Entwicklung der eigenen Zwangserkrankung zu werfen.

Die psychologischen Faktoren

Wir wissen, dass viele Faktoren eine Rolle spielen können. Es wäre falsch anzunehmen, dass irgendeine einzige Begebenheit in der Biographie eines Menschen zu einer so komplexen Erkrankung führen kann. Es sind vielmehr verschiedene Faktoren, die beim Einzelnen zum Ausbruch einer Zwangserkrankung führen. Wir sprechen deshalb von einem multifaktoriellen Bedingungsgefüge, in das sich psychologische, psychosoziale und biologische Aspekte einfügen.

Im Folgenden wollen wir diese drei Aspekte näher beleuchten und anschließend gemeinsam mit Ihnen schauen, wie sich die Zwänge bei Ihnen persönlich eingeschlichen haben könnten.

Welche Persönlichkeitsmerkmale sind typisch?

Es gibt einige Persönlichkeitsmerkmale, die bei der Entwicklung und Aufrechterhaltung von Zwängen eine Rolle spielen können. Ein hohes persönliches Verantwortungsgefühl gepaart mit Perfektionismus sind zwei typische Persönlichkeitszüge im Zusammenhang mit Kontrollzwängen, wie das folgende Beispiel verdeutlicht.

Alles muss »ordnungsgemäß« kontrolliert werden

Ein Angestellter in einer öffentlichen Dienststelle entwickelte einen ausgeprägten Kontrollzwang. Beim Schriftverkehr mit offiziellen Stellen hatte er das Gefühl, das verfasste Schriftstück sei nicht ordentlich, entsprechend der formalen Anforderungen abgefertigt worden. Briefkopf, Absender, Anschrift, Seitenränder, Textgröße, Unterschriften etc. So vieles kann falsch sein. Die Vorstellung, einen falschen Absender oder gar den falschen Adressaten gewählt zu haben, machte es dem Angestellten bald unmöglich, überhaupt noch den dienstlichen Verpflichtungen nachzukommen.

Er hatte es sich angewöhnt, bis weit nach offiziellem Dienstschluss an seiner Arbeitsstelle zu bleiben. Erst dann hatte er genügend Zeit, die am Tage angefertigten Schriftstücke »ordnungsgemäß« zu kontrollieren. Es konnte Stunden dauern, bis er sein Tagewerk beendet hatte, um dann mit einem einigermaßen erträglichen Gefühl nach Hause zu gehen.

Er war dabei so vorsichtig vorgegangen, dass die unmittelbaren Arbeitskollegen viele Jahre ihren Kollegen als unauffällig eingeschätzt hatten. Erst als die Ehefrau sich Sorgen machte, warum ihr Mann Tag für Tag spät aus dem Büro kam, Schlafstörungen hatte, gereizt und insgesamt sehr unausgeglichen war, konnte sich der Betroffene schrittweise öffnen und über die Ursachen seines Tuns, seine tagtägliche Qual sprechen.

AUS DEM LEBEN

Mangelnde Entscheidungsfähigkeit kann eine Vorbedingung für einen Sammelzwang darstellen, wie er auf S. 30 beschrieben wurde. Der Betroffene stapelte nicht nur Zeitungen, sondern auch alle Gebrauchsgegenstände wie leere Flaschen und Dosen in der Wohnung, weil er sich nicht entscheiden konnte, sie wegzuwerfen.

Eine übertriebene Angst vor Risiken und hohe Empfänglichkeit für Gefahrensignale sind meist mit im Bunde, wenn sich ein Waschzwang entwickelt, wie er auf S. 14 beschrieben wurde.

Wie sich ein Zwang nun im Einzelnen entwickeln und festsetzen kann, beschreibt das kognitiv-verhaltenstherapeutische Modell (nach Salkovskis 1986) sehr anschaulich.

Wie eine gedankliche »Zwangsspirale« entsteht

Jeder Mensch kennt unangenehme und aufdringliche Gedanken, vergisst oder übergeht sie jedoch meist schnell wieder.

Zwangsgedanken sind zunächst »normale Gedanken«, wenn auch oft in extrem übertriebener Weise. Das heißt, im Denken jedes Menschen kommen unangenehme, aggressive und aufdringliche Gedanken vor. Diese können jedoch im Allgemeinen gut »verdrängt« werden, gehen in den vielen, wichtigeren Alltagsgedanken unter und werden von Menschen, die nicht zwangserkrankt sind, nur nebenbei bemerkt.

Bei Zwangserkrankten wird nun diesen Gedanken eine besondere, ganz wichtige Bedeutung beigemessen. Diese unangenehmen Gedanken werden quasi hochsensibel aus den anderen normalen Gedanken herausgefiltert und können nicht mehr als »normal« oder vorübergehend eingeordnet werden. Das ist entscheidend für den weiteren Fortgang der »Zwangsspirale«.

Je mehr und je stärker diese aufdringlichen Gedanken nun bewertet werden und damit an Bedeutung gewinnen, desto heftiger werden Angst, Unruhe, Anspannung und andere unangenehme körperliche Symptome.

Neutralisierung

Es ist verständlich, dass Betroffene gegen diesen Zustand der inneren Angst und Anspannung etwas tun möchten. Sie versuchen die angstauslösenden Situationen zu vermeiden, zu kontrollieren, sie entwickeln »gedankliche Gegenzwänge«, Rituale etc. – und merken, dass sie damit die Angst reduzieren können. Diese Strategien nennen wir Neutralisierung, weil die unangenehmen Gefühle zunächst einmal vermindert oder eben neutralisiert werden.

Wichtig

Die zunächst als Entlastung empfundene Neutralisierung – z. B. das mehrfache Kontrollieren des Herdes – erhält die Zwangsstörung aufrecht.

Wie in der folgenden Abbildung zu sehen ist, entsteht durch diese Strategien eine kurzfristige Entlastung, denn die Betroffenen merken, dass durch die Neutralisierungshandlungen tatsächlich – kurzfristig – die unangenehme Gefühlslage reduziert wird (»negative Rückkopplung«). Damit bestätigt sich jedoch auch bei den Betroffenen die Befürchtung, ihre aufdringlichen Gedanken seien tatsächlich schlimm und man müsse etwas tun, damit nichts Furchtbares passiert. So bestätigen sich die Betroffenen selbst ihr Handeln, was letztlich zu einem Teufelskreis oder der sogenannten »Zwangsspirale« führt (»positive Rückkopplungen«).

Rückkopplungsschleifen

Bewertung/
Bedeutung
»Ich muss unbedingt
verhindern, dass eine
Katastrophe passiert!«

unangenehme
Gefühle
Angst, Unruhe,
innere Anspannung ...

sich auf-
drängender Gedanke
»Ist der Herd auch
wirklich aus?«

Neutralisieren
mehrmals den
Herd kontrollieren

▲ Das kognitiv-verhaltenstherapeutische Modell (vereinfacht nach Salkovskis 1986) veranschaulicht, wie aus ursprünglich »normalen Gedanken«, die jeder Mensch hat, durch eine übertriebene Bewertung und Bedeutungszuschreibung letztlich Zwangshandlungen entstehen können (ausführlichere Beschreibung im Text).

Was erhält den Zwang aufrecht?

Das Neutralisationsverhalten kann aber auch zur langfristigen Vermeidung des Aushaltens von unangenehmen Gefühlen führen. Jedes Mal, wenn künftig ein aufdringlicher, unangenehmer Gedanke wahrgenommen wird, wählt der Betroffene die Strategie Kontrollieren, Rituale ausführen etc., denn er hat gelernt, dass es ihm danach – zumindest kurzfristig – besser geht!

Die Zwangshandlung entlastet – zumindest kurzfristig

Dabei ist es egal, ob ein aktives Kontrollritual zum Reduzieren von Angst und körperlicher Anspannung benutzt oder ob eine subjektiv bedrohlich erscheinende Situation gänzlich gemieden wird – wesentlich ist: Angst, unangenehme körperliche Signale und Beschwerden werden als nicht aushaltbar empfunden und vermieden. Der Lohn ist eine kurzfristige Entlastung, die über den Langzeiteffekt, nämlich das Fortbestehen der Zwänge, hinwegtäuscht.

Kontrollrituale geben Sicherheit

Die Aufrechterhaltung von Zwängen geschieht also im Wesentlichen dadurch, dass Zwangsrituale zunächst erst einmal etwas Positives für die Betroffenen haben, nämlich die auftretende Angst und Sorge zu vermindern. Denn das umfangreiche Kontrollritual beim Verlassen der Wohnung vermittelt dem Betroffenen ja zunächst ein gutes und sicheres Gefühl, die quälenden Gedanken, die Tür wäre nicht richtig verschlossen und

TIPP FÜR BETROFFENE

Der Zwang als Selbsthilfestrategie

Diese Beschreibungen machen deutlich, dass Zwänge grundsätzlich auch eine nützliche Komponente für die Betroffenen haben. In schwierigen Lebenssituationen können Zwänge durchaus eine Stütze sein. In bestimmten Situationen kann ein Zwang als feste Regel oder Norm auch eine strukturierende Funktion haben, die auf andere Weise nicht zu erreichen war. In dieser Hinsicht sind Zwangsstörungen also durchaus als Selbsthilfestrategie anzusehen, was nicht darüber hinwegtäuschen kann, dass sie langfristig mehr schaden als nützen.

ein Fremder dringe ein und stehle wichtige Dokumente, verstummen für eine Weile. Ein Kontrollzwang hat also meist den positiven Effekt, dass er dem Betroffenen – zumindest vorübergehend – Sicherheit vermittelt.

Der Zwang kann persönliche Defizite »füllen«

Und so hilft jede Zwangsstörung dem Betroffenen auch, unangenehme Gefühle zu verdrängen oder persönliche Defizite zu überdecken. Dem Betroffenen selbst sind diese Zusammenhänge meist gar nicht klar. Ein Sammelzwang kann beispielsweise soziale Isolation verbergen, zugleich fördert er sie natürlich auch noch: Ein Mensch, der unter Einsamkeit und Kontaktschwierigkeiten leidet, beschäftigt sich in seiner gesamten Freizeit damit, exzessiv Dinge zu sammeln und zu horten. Da seine Zeit damit gut ausgefüllt ist, fällt ihm seine Vereinsamung kaum noch auf. Darüber hinaus hat er auch gar keine Zeit mehr, unter Menschen zu kommen, was ihm seine Kontaktschwierigkeiten schmerzlich vor Augen führen würde.

Aggressive Zwangsgedanken anderen Menschen gegenüber und die sich daraus entwickelnden Vermeidungsstrategien, etwa diese Menschen nicht mehr zu treffen, können auch Formen von Nähe- und Distanzregelungen darstellen.

Auch in der Familie kann ein Zwang dazu dienen, die Angehörigen auf Distanz zu halten, um sich einen persönlichen Raum zu schaffen, den man anders nicht erreichen kann. Oder die Zwangsrituale dienen der Machtausübung über Familienmitglieder: Der Zwangserkrankte festigt (unbewusst) seine Machtposition, indem er den Angehörigen Kontroll-, Ordnungs- oder Putzrituale aufdiktiert.

Warum ist es so schwer, den Zwang aufzugeben?

Langsam wird klarer, warum es so schwer ist, trotz aller guten Vorsätze, seine Zwänge wirklich konsequent anzugehen:

Sie müssen zunächst einmal in Kauf nehmen, dass die Bewältigung der Zwangssymptome kurzfristig zu einer Verschlechterung Ihres Befindens führt. Dann nämlich, wenn Sie die Ängste, Sorgen und Befürchtungen aushalten lernen und Ihren Körper damit ganz bewusst in die Anspannungszustände versetzen, die Sie bislang mit aller Macht vermieden haben. In den Kapiteln »Therapie« und »Selbsthilfe« werden wir dies mit Ihnen gemeinsam Schritt für Schritt durchgehen.

TIPP FÜR BETROFFENE

Man kann Zwangsgedanken nicht unterdrücken!

Der naheliegendste Versuch, Zwangsgedanken loszuwerden – ein Ratschlag, den Sie vermutlich auch schon oft genug gehört haben: »Jetzt hör' doch einfach mal damit auf, ständig daran zu denken!« funktioniert leider nicht. Im Gegenteil, je intensiver Sie sich bemühen, etwas nicht zu denken, desto aufdringlicher wird dieser Gedanke durch Ihren Kopf schwirren. Das willentliche Stoppen von Zwangsgedanken funktioniert leider nicht!

Das Aufgeben der Zwänge wird Lücken in Ihrem Leben reißen, unliebsame Seiten, verdeckte Probleme oder schwelende Konflikte können zutage treten, die bisher von der alles beherrschenden Zwangssymptomatik zugeschüttet waren. Auch darüber muss man sich im Klaren sein, wenn man seinen Zwangssymptomen zu Leibe rückt.

Vermeidungsstrategien

Ein weiteres Phänomen, was die psychologischen Zusammenhänge verkompliziert und die Zwangssymptome festigt, ist das sogenannte Vermeidungsverhalten. Man unterscheidet zwischen aktiver und passiver Vermeidung.

Aktive Vermeidung

Wenn Sie bestimmte Situationen, die Ihnen Angst machen oder in denen Sie vermutlich unangenehme Gefühle haben würden, meiden, also z. B. Einladungen grundsätzlich ablehnen, weil Sie sich unter fremden Menschen unwohl fühlen und befürchten, sich zu blamieren, spricht man von aktiver Vermeidung. Wenn wir bei dem gewählten Einladungsbeispiel bleiben, haben Sie natürlich kurzfristig einen Gewinn: Sie vermeiden es, sich dieser eventuell unangenehmen Situation auszusetzen, langfristig nehmen Sie sich aber auch selbst die Chance, soziales Miteinander zu lernen und verstärken Ihre Isolation. Möglicherweise handelte es sich um ein Zusammentreffen freundlicher Menschen, mit denen Sie sich sehr interessant hätten unterhalten können – ganz ohne Blamage.

Tipp für Betroffene
Wenn Sie unangenehme Situationen konsequent meiden, vermindern Sie zwar Ihre Ängste, schränken aber auch Ihr Leben sehr stark ein und berauben sich wichtiger Erfahrungen.

Passive Vermeidung

Von passiver Vermeidung spricht man, wenn der Betroffene die Angst auslösenden Situationen meidet, indem er andere Menschen dafür einspannt. Ein typisches Beispiel wäre hier, dass eine Frau mit Kontrollzwängen ihren Lebenspartner bittet, immer als letzter die Wohnung zu verlassen und genau zu kontrollieren, ob der Herd ausgestellt, die Fenster verschlossen, die Wohnungstür richtig abgeschlossen ist etc. Auf diese Weise befreit sie sich von den unangenehmen Gefühlen, die sie hätte, wenn sie selbst als letzte die Wohnung verließe. Langfristig führt die passive Vermeidung jedoch zu einer zunehmenden Abhängigkeit und Verunsicherung. Die Betroffene traut sich immer weniger zu. Das Selbstbewusstsein und die Entscheidungsfreudigkeit sinken.

2 Ursachen

Psychoanalytische Erklärungsmodelle

Analytische Hypothesen gehen davon aus, dass bei der Zwangserkrankung ein krankmachender Konflikt aus sehr früher Kindheit, nämlich dem zweiten und dritten Lebensjahr resultiert.

In dieser frühen Lebensphase entwickeln Kinder Selbstständigkeit, probieren Grenzen aus, stoßen auf Widerstände ihrer Umwelt, insbesondere ihrer unmittelbaren Bezugspersonen, also der Eltern. Man nimmt an, dass spätere Zwangserkrankte in dieser Zeit den natürlichen Konflikt zwischen einerseits aggressiven Impulsen, Widerspruch gegenüber den Eltern, andererseits Anpassung und Unterordnung nicht gesund lösen können. Ein überstrenges Gewissen, ständige Sorge und Furcht, Schlimmes tun zu können, sollen demnach die Wurzel für die spätere Zwangserkrankung sein.

Über viele Jahre, letztlich bis heute, haben psychoanalytische Denkweisen zum Verständnis der Zwangserkrankung beigetragen und unseren Blick auf biographische Entwicklungen und individuelle lebensgeschichtliche Zusammenhänge gelenkt. Allerdings gibt es keine wissenschaftlich fundierten Nachweise für diese hypothetischen Zusammenhänge. Darüber hinaus haben sich Behandlungsmethoden, die aus diesen analytischen Theorien abgeleitet wurden, in der Therapie der Zwangserkrankung nicht bewähren können. Es gibt keine wissenschaftlichen Untersuchungen, abgesehen von Einzelfallbeispielen, die eine Wirksamkeit dieser Verfahren bei Zwangserkrankungen belegen könnten.

Familiäre und soziale Bedingungen

E s ist eine immer wieder gestellte Frage von Zwangserkrankten: Was hat das Ganze mit meinem Elternhaus zu tun? Mit dem was ich so oder so erlebt habe. Wenn ich es besonders schwierig in meiner Kindheit hatte, wenn mir das Lernen in der Schule besonders schwerfiel, hat das nicht alles etwas mit dieser quälenden Erkrankung zu tun?

Andererseits ist es für Angehörige manchmal ein Grund, therapeutische Angebote wie Einladungen zu Gruppengesprächen nicht wahrzunehmen: Sie befürchten als »Schuldige« entlarvt zu werden. Als Mutter oder Vater für die Erkrankung des Kindes verantwortlich gemacht zu werden. Aber die Suche nach »einem Schuldigen« ist wenig hilfreich und wird in keiner Therapie angestrebt.

2 └ Ursachen

TIPP FÜR ANGEHÖRIGE

»Habe ich Schuld?«

Auch wenn es in diesem Abschnitt um familiäre Einflüsse und Erziehungsstile geht, die eine Zwangserkrankung begünstigen können, ist das nicht mit einer Suche nach »einem Schuldigen« zu verwechseln. Es geht in diesem Buch und auch in einer Therapie niemals darum, eine Schuldfrage zu stellen und zu klären, sondern vielmehr um eine wertfreie(!) Analyse der Entstehungsbedingungen.

Es ist vielmehr so, dass Eltern und Kinder und Partner einen gemeinsamen Alltag miteinander gestalten, dessen Schwierigkeiten und Hürden sie gemeinsam meistern. Gemeinsam zu leben heißt, gemeinsam verantwortlich zu sein für das, was passiert.

Eltern tragen natürlich eine andere Art von Verantwortung für ihre Kinder, als diese für die Eltern. Und sie reagieren unterschiedlich. Auch Kinder reagieren auf das, was ihnen von ihren Eltern entgegengebracht wird, sehr unterschiedlich. Sie merken schon, das ist ein kompliziertes Gebilde, in dem kaum jemand einfache Aussagen machen kann.

Die Einflüsse der Erziehung

Die Art, wie das alltägliche Leben von uns gesehen und gemeistert wird, ist etwas, was wir zunächst vorgelebt bekommen. Wir lernen frühzeitig, und das meist von unseren Eltern, was richtig und was falsch ist, wann wir gelobt und wofür wir getadelt werden. Auch was andere mögen und was nicht oder womit wir jemanden verletzen können, das lernen wir, das erfahren wir im Miteinander.

Regeln und Verbote

Wenn beispielsweise ein Mädchen erfahren hat, dass sexuelle Themen in der Familie grundsätzlich nicht oder nur mit äußerster Scham angesprochen werden und dann immer im Zeichen des Verbotenen standen, wird sie Sexualität möglicherweise auch im Erwachsenenalter als etwas Schlimmes, Schlechtes, vielleicht Schmutziges empfinden. Sie wird alles tun, um nicht schmutzig zu sein.

Neben der Tabuisierung von gerade in der Pubertät wichtigen Themen wie Sexualität können auch große Strenge, sehr hohe Leistungsanforderungen und ein extremes Pflichtgefühl der Eltern die Entwicklung von Zwängen begünstigen. Das Kind wird durch diesen Erziehungsstil verunsichert und versucht ähnlich perfektionistisch, Fehler zu vermeiden. Negativ kann sich auch ein überängstlicher Erziehungsstil auswirken.

> Wichtig für die Entwicklung einer Zwangserkrankung kann sein, was wir zu den Themen Normen, Regeln und Sicherheit gelernt haben.

Große Ängstlichkeit und Sorge

Übergroße Sorge, Angst vor Unheil auch in banalen Alltagssituationen können einem Kind das Gefühl geben, alles um es herum sei potenziell gefährlich. Das Kind geht dann verunsichert und übervorsichtig durch die Welt. Es ist ständig bemüht, enge Grenzen und klare Regeln einzuhalten, um bloß nichts Falsches und potenziell Gefährliches zu tun.

Mangelnde emotionale Zuwendung, extreme Konfliktvermeidung oder Überangepasstheit der Eltern scheinen ebenfalls Bausteine zu sein, welche die Entwicklung von Zwängen bei Heranwachsenden begünstigen können.

Psychische Erkrankungen der Eltern

Wenn ein Elternteil selbst unter Zwangsstörungen, starken Ängsten oder Depressionen leidet, ist die Gefahr groß, dass das Kind die Verhaltens- und Bewältigungsmuster übernimmt, da es sie ja als »normalen Alltag« vorgelebt bekommt. Das muss jedoch nicht so sein, es kann durchaus passieren, dass eine Tochter den Ordnungs- und Sauberkeitszwang ihrer Mutter übernimmt, während ihre Schwester davon völlig unberührt bleibt oder es im Gegenteil nicht so genau mit dem Putzen nimmt.

2 Ursachen

Weitere soziale Einflüsse

Wir sind ja nicht nur und ausschließlich in den Händen unserer Eltern. Schon recht frühzeitig lernen wir andere Kinder kennen, andere Familienmitglieder, Freunde unserer Eltern. Später sind wir in der Schule, müssen uns entsprechend unserer ganz individuellen Gegebenheiten mit Schulkameraden, Freunden und Feinden, Lehrern, die wir mögen und anderen, die wir nicht mögen, auseinandersetzen. Wir haben gute und manchmal eher weniger nützliche Bewältigungsstrategien im Umgang mit der sozialen Welt, die uns umgibt. Mit und von ihr lernen wir. Auch sie, die Umwelt jenseits unserer Eltern, prägt uns und lässt uns gute und schlechte Erfahrungen machen. Manchmal sind diese stärker als der Einfluss daheim.

Und schließlich werden wir junge Erwachsene. In ganz unterschiedlichen Zusammenhängen, unter ganz unterschiedlichen Bedingungen. Manche von uns müssen schon recht frühzeitig lernen, wie hart und ungerecht ein Leben sein kann. Andere wiederum leben scheinbar lange nur auf der Sonnenseite des Lebens. Wir müssen den Lauf der persönlichen Entwicklung eines Menschen nicht weiter aufzeigen, Sie wissen sicherlich, was wir meinen.

Belastende Lebensumstände

Angedeutet wurde es schon. Menschen können ein unterschiedlich schweres Schicksal in ihrem Leben haben. Der frühe Tod eines nahen Verwandten, vielleicht gar eines Elternteils kann für ein heranwachsendes Kind eine Katastrophe sein. Wenn diese Erfahrung auch noch in eine für das Kind ohnehin schwierige Lebensphase fällt (Schulanfang, Pubertät, Studienbeginn), kann alles, was mit diesem Tod zusammenhängt, plötzlich eine schlechte, verunsichernde Bedeutung erlangen. Gerüche, Farben, Zahlen, Namen und anderes mehr wird im Zusammenhang mit Tod plötzlich bedrohlich.

Der Tod eines Verwandten löste die Zwangserkrankung aus

Bei einer Bibliothekarin hatte sich nach dem Tod des Großvaters allmählich im Laufe einiger Jahre eine unbändige Angst vor allem »Totigen« entwickelt. Nicht nur alles, was mit Bestattungsinstituten in Verbindung gebracht werden konnte, sondern auch Personen, die in der Nähe von Friedhöfen wohnten, Arbeitskollegen, die mit dem Auto auf dem Weg zur Arbeit an Friedhöfen oder Bestattungsinstituten vorbeifuhren und Fernsehsendungen, in denen Tod eine Rolle spielte, wurden konsequent gemieden. Mittlerweile hatte sich ein Waschzwang zum »Abwaschen von Totigem« hinzugesellt. In der Therapie spielte somit der Aspekt des auslösenden, belastenden Lebensumstandes, nämlich der Tod des Großvaters eine wichtige, wenn auch nicht die einzige Rolle.

AUS DEM LEBEN

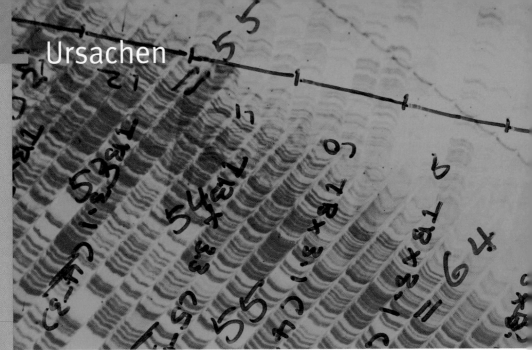

Biologische Faktoren

M an ist sicher, dass verschiedene biologische Faktoren bei der Entstehung einer Zwangserkrankung eine Rolle spielen können.

Veränderungen im Gehirn

Untersuchungen mit bildgebenden Verfahren (z. B. Kernspintomographie oder Positronen-Emissions-Tomographie) des Gehirns konnten zeigen, dass bei Zwangserkrankten die Durchblutung in bestimmten Gehirnregionen verändert sein kann. Dabei spielen die Gehirnregionen, in denen für die Zwangsstörung relevante Prozesse gesteuert werden, eine wesentliche Rolle.

So konnte nachgewiesen werden, dass bei Zwangserkrankten im Stirnhirn und in Teilen des Mittelhirns die Durchblutungsrate erhöht ist und dadurch hemmende und erregende Regelkreise zwischen diesen Gehirnregionen beeinträchtigt werden. Dies könnte möglicherweise erklären, dass Patienten mit Zwangserkrankungen bestimmte Gedanken und Handlungen nicht mehr beenden können bzw. Schwierigkeiten haben, die Aufmerksamkeit von begonnenen Handlungen abzulenken und sich etwas Neuem zuzuwenden.

Die Funktion dieses Regelkreises wird offenbar vom Serotoninsystem beeinflusst. Allerdings ist dieses Zusammenspiel noch nicht vollständig geklärt.

Die Rolle des Botenstoffs Serotonin

Man konnte nachweisen, dass bestimmte Botenstoffe im Gehirnstoffwechsel bei der Zwangserkrankung eine Rolle spielen. Sie können in ihrer Konzentration im Gehirn verändert sein und so über einen Mangel oder Überschuss an der Fehlregulation wichtiger Handlungs- oder Denkabläufe beteiligt sein.

Der wichtigste Botenstoff im Zusammenhang mit der Zwangserkrankung heißt Serotonin.

So wurde die verhaltenssteuernde Funktion des Botenstoffs Serotonin insbesondere bei der Umstellfähigkeit von Wiederholungshandlungen auf andere Verhaltenspläne beschrieben. Darüber hinaus spielt Serotonin u. a. eine zentrale Rolle im Zusammenhang mit Lern- und Gedächtnisfunktionen, bei der Schmerzverarbeitung, beim Sexualverhalten oder bei der Nahrungsaufnahme. Serotonin ist zudem an der Modulation von Gefühlen wie Unsicherheit und Risikoabschätzung, die ja bei Zwangserkrankten von besonderer Bedeutung sind, wesentlich beteiligt. Ebenso ist die modulierende Wirkung des Serotonins bei der Impuls-, Aggressions- und Stresskontrolle bekannt.

Vor diesem Hintergrund ist es nicht überraschend, dass Störungen des Serotoninsystems mit einer Reihe von psychischen Erkrankungen, v. a. Depression, Angst- und Zwangserkrankungen, in Zusammenhang gebracht werden.

2 ┗ Ursachen

Wichtig

Medikamente aus der Gruppe der Serotonin-Wiederaufnahme-Hemmer können bei einigen Zwangserkrankten hilfreich sein (siehe S. 83).

Dass eine Störung im serotonergen Neurotransmittersystem eine wesentliche Ursache bei Zwangserkrankungen sein kann, wurde bislang vor allem der Tatsache zugeschrieben, dass serotonerg wirksame Medikamente (sogenannten Serotonin-Wiederaufnahme-Hemmer) bei Zwangsstörungen einen therapeutischen Effekt zeigen. Darauf werden wir im Therapie-Kapitel noch etwas genauer eingehen.

Auch Dopamin könnte beteiligt sein

Das Serotoninsystem wird nicht allein als biologische Ursache bei Zwangsstörungen diskutiert. Auch der Botenstoff Dopamin könnte eine Rolle spielen. Ausgehend von der klinischen Beobachtung, dass Zwangshandlungen und bestimmte Zwangsspektrumstörungen (z. B. Ticks) gut auf eine zusätzliche Behandlung mit dopaminerg wirksamen Medikamenten ansprechen,

WISSEN

Weitere biologische Faktoren

Weitere mögliche biologische Aspekte, die aktuell diskutiert werden und für zukünftige Therapiestrategien entscheidend sein können, sollen hier nur kurz erwähnt werden.

Immunologie

Insbesondere für eine im frühen Kindesalter auftretende Form der Zwangserkrankung (PANDAS, engl.: Paediatric Autoimmune Neuropsychiatric Disorders Associated with Streptococcal infection) wird diskutiert, ob eine bestimmte Form von bakterieller Infektion für die Erkrankung mitverantwortlich gemacht werden kann.

Das ist wichtig, weil sich daraus eine spezifische, antibakterielle Behandlung (z. B. die Gabe von Antibiotika) ergeben könnte.

Unfälle, Verletzungen

Auch wenn Schädelverletzungen etwa im Rahmen von Unfällen nur selten als Ursache für Zwangserkrankungen in Frage kommen, sind sie doch grundsätzlich zu berücksichtigen. Verletzungen in bestimmten Regionen des Gehirns, wie sie z. B. nach Verkehrsunfällen auftreten, können auslösend für eine Zwangserkrankung sein. Deshalb sind die meisten Therapeuten zu Beginn einer Behandlung bemüht, mithilfe sogenannter bildgebender Verfahren (z. B. Computertomographie – CT) kleinste Verletzungen des Gehirns auszuschließen.

wurde demzufolge auch eine sogenannte Dopaminhypothese der Zwangsstörung aufgestellt. Inzwischen gilt eine Fehlregulation von Serotonin und Dopamin bei der Zwangsstörung als wahrscheinlich.

Welche Rolle spielen die Gene?

Man nimmt an, dass der genetische Einfluss (siehe Kasten) einen verschwindend kleinen Anteil ausmacht, verglichen mit den beschriebenen psychologischen und psychosozialen Bedingungen. Das ist eine bahnbrechende Erkenntnis, denn es bedeutet, dass die Zwangserkrankung kein unabänderliches Schicksal ist, das man hinnehmen muss, sondern ein veränderbarer Zustand! Das, was Sie im Laufe Ihres Lebens gelernt haben, können Sie auch wieder »verlernen«.

WISSEN

Vererbung hat nur einen kleinen Anteil

Genetische Einflüsse, das heißt mögliche genetische Anlagen für eine Zwangserkrankung, werden momentan intensiv erforscht. Hier geht es darum, ob in der genetischen Ausstattung bei Zwangserkrankten bestimmte Genabschnitte ganz spezifisch sind für die Zwangserkrankung. Sie müssen sich das so vorstellen, wie die Haar- oder Augenfarbe von uns Menschen in unserer genetischen Ausstattung fest vorgegeben ist.

Man weiß, dass in Familien, in denen Eltern eine Zwangserkrankung haben, auch das Kind ein gewisses Risiko zur Ausprägung dieser Erkrankung hat. Da dieser genetische Einfluss im engeren Sinne nicht so groß und entscheidend ist, wie etwa bei anderen psychischen Erkrankungen (z. B. Psychosen), können Sie ihn hier auch etwas vernachlässigen. Viel wichtiger ist das, was wir im Laufe unseres Lebens lernen und erfahren.

Das Zusammenspiel der Faktoren

Wir gehen heute davon aus, dass alle Faktoren, die zu einer Zwangserkrankung ursächlich beitragen können, in einem Gesamt-Bedingungsgefüge ineinander übergreifen bzw. sich zum Teil bedingen.

Das Ausmaß, in dem biologische Faktoren bei dem einen eine Rolle spielen und bei dem anderen nicht, kann nun sehr unterschiedlich sein. Das wiederum kann durch einen der anderen Faktor, z. B. den genetischen mitbedingt sein. In dieser Sichtweise kann bei manchen Betroffenen der eine oder der andere Faktor auch gar nicht zutreffen. Wir wissen heute leider noch nicht genau, warum bei dem einen Erkrankten biologische Faktoren, etwa eine Fehlregulation im Serotoninstoffwechsel, so wichtig, aber bei dem anderen Zwangserkrankten nicht entscheidend ist. Wahrscheinlich gibt es deshalb so unterschiedliche Krankheitsverläufe.

Nachdem wir Ihnen die unterschiedlichen Modelle und möglichen Faktoren vorgestellt haben, die bei der Entwicklung einer Zwangsstörung zusammenspielen können, möchten wir Sie einladen, mithilfe der Checkliste auf S. 66–67 zu schauen, welche Einflüsse bei Ihnen persönlich eine Rolle spielen könnten. Wenn Sie analysieren und verstehen, wie und warum sich bei Ihnen bestimmte Zwänge eingenistet haben, kann dies bereits ein erster Schritt zur Überwindung sein.

ZUSAMMENFASSUNG

Mögliche Ursachen

Welche Ursachen werden bei Zwangserkrankungen diskutiert?
Zwangserkrankungen entstehen nicht durch eine Ursache allein. Vielmehr werden psychologische, psychosoziale und biologische Faktoren diskutiert, die bei jedem Betroffenen in unterschiedlichem Maße ausgeprägt sein können. Es ist wichtig, seine ganz individuellen Bedingungen, die zur Entwicklung der Erkrankung geführt haben, zusammenzutragen, um davon die jeweils hilfreichsten Behandlungsstrategien ableiten zu können.

Welche Rolle spielen Eltern und Erziehung?
Angehörige, insbesondere Eltern von Zwangserkrankten sollten nicht zum Sündenbock gemacht werden, auch wenn der Erziehungsstil eine Rolle – jedoch nie die einzige – bei der Entstehung von Zwangserkrankungen spielen kann. Vielmehr sind biografische Besonderheiten, auch familiäre Gewohnheiten etc. im Gesamtgefüge zur Entstehung von Zwangserkrankungen zu berücksichtigen.

Warum ist es so schwer, Zwänge aufzugeben?
Neben den zahlreichen negativen Auswirkungen, die der Zwang mit sich bringt, gibt es eben auch positive, aufrechterhaltende Faktoren – wir sprechen von »Funktionalität« des Zwanges. Diese Aspekte zu erkennen, ist besonders wichtig, da sie es den Betroffenen sehr schwer machen, Zwangsrituale langfristig aufzugeben.

2 Ursachen

Checkliste: Meine persönlichen Faktoren

Versuchen Sie sich die folgenden Fragen möglichst ehrlich und ganz in Ruhe zu beantworten. Bei diesem Fragebogen gibt es kein Richtig oder Falsch, es folgt auch keine Auswertung. Es geht vielmehr darum, anhand der Fragen die eigene Zwangsentwicklung zu beleuchten und den persönlichen Ursachen auf die Schliche zu kommen. Möglicherweise fallen Ihnen auch weitere für Sie persönlich wichtige Aspekte zur Zwangsentstehung ein, die hier noch gar nicht angesprochen wurden.

Welche Ihrer Persönlichkeitsmerkmale begünstigen die Zwangsstörung? Sind Sie beispielsweise besonders reinlich, pflichtbewusst oder ängstlich?

Erfordert Ihre Tätigkeit ein sehr gewissenhaftes und ordentliches Arbeiten?

Wie haben Sie den Erziehungsstil Ihrer Eltern erlebt? Waren sie beispielsweise sehr streng und leistungsorientiert?

Haben Sie sich im Elternhaus geliebt und aufgehoben gefühlt?

Erinnern Sie sich, schon als Kind oder Jugendlicher Zwangsrituale ausgeführt zu haben, um Spannungen, Unruhe, Angst oder Aggression abzubauen?

Entdecken Sie Anteile in Ihrer Zwangsstörung, z. B. übertriebene Sauberkeit und
Ordnung, die Sie von Ihren Eltern übernommen haben?

Leidet ein Elternteil auch unter Zwangsstörungen? (Dann könnte die Veranlagung
vererbt sein.)

Befanden Sie sich vor Ausbruch der
Zwangssymptome in einer für Sie be-
sonders belastenden oder schwierigen
Lebenslage?

Stehen oder standen Sie beruflich oder
privat unter starkem Druck?

Ist Ihre Stimmungslage in letzter Zeit eher
traurig und gedrückt? (Eine depressive
Verstimmung kann Zwänge begünstigen
und umgekehrt.)

Welche positiven Auswirkungen haben
die Zwänge in Ihrem Leben? Fühlen
Sie sich danach sicherer oder ruhiger?
Können Sie Verantwortung oder unangenehme Aufgaben abgeben? Erhalten Sie
vermehrte Unterstützung? Oder werden
Sie nur so in Ruhe gelassen?

Was könnte noch zur Entstehung Ihrer
Zwangssymptome beigetragen haben?

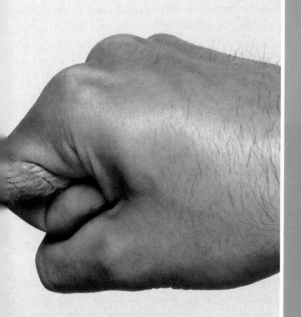

3 Therapie

Welche Behandlungsmöglichkeiten gibt es?

Sie fühlen sich von Ihren Zwängen eingeengt und wollen nun aktiv dagegen angehen?

Sehr gut! In diesem Kapitel erfahren Sie, welche professionelle Hilfe Ihnen dazu zur Verfügung steht und wie die wirksamste Zwangsbehandlung – die Verhaltenstherapie – genau funktioniert.

Wir beschreiben ebenfalls, wo die Therapie stattfinden sollte, wie die Angehörigen mithelfen und wann zusätzlich Medikamente hilfreich sein könnten.

Wann brauchen Sie professionelle Hilfe?

S ie sollten sich immer dann Hilfe holen, wenn Sie von Zwängen, manchmal auch von Begleitsymptomen (Ängsten, depressiven Verstimmungen, Schlafstörungen etc.) belastet sind und der Alltag nicht mehr oder nicht mehr gut zu meistern ist. Welche Hilfsangebote im Einzelnen zur Verfügung stehen, werden wir nun schildern.

Diagnosestellung

Zuerst gilt es, die vielleicht bislang als »komische Eigenarten«, als »Macken« und »Ticks« beschriebene Auffälligkeiten als eine psychische Erkrankung, eine Zwangserkrankung, einzuordnen. Dieser wichtige Schritt, die Diagnosestellung, ist für die Mehrzahl der Betroffenen und Angehörigen eine erste Entlastung.

Endlich können die Betroffenen ehrlicher und offener mit ihrer Erkrankung umgehen, endlich haben sie selbst auch Gewissheit, dass es sich eben nicht nur um eine Charaktereigenschaft handelt, der man mit »gutem Willen« beikommen könnte. Sie haben Gewissheit, dass es eine Krankheit ist, die potenziell die Hoffnung auf Behandlung und Besserung mitbringt.

»Und ich dachte, wenn es dafür einen Namen gibt, dann gibt's vielleicht auch eine Möglichkeit zur Behandlung.« So beschrieb das einmal eine 27-jährige Patientin, und eine weitere Betroffene sagte: »Ich war eigentlich froh, dass erst einmal jemand etwas gefunden hat und sagte, was das ist. Das tat mir damals gut.«

Welche unterschiedlichen Therapieformen gibt es?

In Anlehnung an die verschiedenen Ursachen und Bedingungen, die zur Zwangserkrankung führen können, unterscheiden wir biologische Behandlungsverfahren, psychotherapeutische Methoden und sogenannte psychosoziale oder ergänzende Therapien. Die folgende Tabelle listet der Vollständigkeit halber alle verfügbaren Behandlungsmethoden auf, wobei biologische Verfahren wie Transkranielle Magnetstimulation (TMS) und Tiefe Hirnstimulation (THS) nicht näher beschrieben werden. Da die zusätzliche Medikamenteneinnahme bei einigen Patienten aber durchaus hilfreich ist, wird die medikamentöse Therapie auf den S. 82–84 näher beschrieben.

Doch zunächst wenden wir uns dem wichtigsten Behandlungsverfahren zu – der Psychotherapie.

Therapieverfahren bei Zwangserkrankungen

Biologische Verfahren	Psychotherapie	Psychosoziale/ergänzende Methoden
▪ Medikamente ▪ Transkranielle Magnetstimulation (TMS) ▪ Tiefe Hirnstimulation (THS)	▪ (kognitive) Verhaltenstherapie ▪ Psychoedukation ▪ Gesprächspsychotherapie ▪ Familientherapie ▪ soziales Kompetenztraining ▪ Genusstherapie ▪ Entspannungsverfahren ▪ psychoanalytische/ psychodynamische Therapie	▪ Angehörigenarbeit ▪ Case-Management ▪ Soziotherapie ▪ rehabilitative Maßnahmen (Teilhabe am beruflichen Leben)

Psychotherapie

W ir wollen hier nicht alle psychotherapeutischen Therapieverfahren ausführlich beschreiben, sondern stellen Ihnen im Folgenden insbesondere die Verhaltenstherapie vor, deren Wirksamkeit bei Zwängen gut dokumentiert ist und mit der wir in unserer klinischen Praxis gute Erfolge erzielen.

Sie können sicherlich auch hilfreiche Erfahrungen in einer Familientherapie oder einer psychodynamisch angelegten bzw. psychoanalytischen Behandlung machen. Es liegen jedoch für die Wirksamkeit dieser Methoden im Bereich der Zwangserkrankungen bislang keine ausreichenden wissenschaftlichen Ergebnisse vor, weshalb wir diese Verfahren nicht primär zur Behandlung von Zwängen empfehlen können.

3 Therapie

Psychoedukation

Am Anfang einer Psychotherapie sollte immer die Psychoedukation stehen. Sie dient der Wissens- und Informationsvermittlung. Hier erfahren Sie alles, was Sie über Ihre Erkrankung, deren Ursachen, Bedingungen und Therapiemöglichkeiten wissen müssen. Die Art und Weise, wie Ihnen dieses Wissen vermittelt wird, kann sehr unterschiedlich sein, und reicht von der bloßen Empfehlung einer Lektüre bis hin zur Gruppen-Psychoedukation, in der Sie darüber hinaus auch vom Austausch mit Betroffenen profitieren können.

Psychoedukation soll aber nicht nur der Wissensvermittlung dienen, sondern auch Ihrer emotionalen Entlastung. Das heißt, Sie sollten hier bereits am Anfang einer Psychotherapie auf Verständnis und Akzeptanz für Ihre Problematik stoßen, um auch von den oft schamvoll oder peinlich empfundenen Zwängen berichten zu können.

Was ist Verhaltenstherapie?

Mittel der ersten Wahl in der Behandlung von Zwangserkrankungen ist nach wie vor die (kognitive) Verhaltenstherapie. Das ist ein psychotherapeutisches Verfahren, das Ende der 60er-Jahre entwickelt wurde und schon bald darauf gute Erfolge in der Behandlung von psychischen Erkrankungen zeigte.

Im Bereich der Zwangserkrankung wurden zunächst einzel-, später auch gruppentherapeutische Programme entwickelt.

Man ist mittlerweile davon überzeugt, dass die Einbeziehung von Angehörigen bzw. der unmittelbaren Bezugspersonen von Zwangserkrankten in die Therapie einen positiven Einfluss auf den Krankheits- und Behandlungsverlauf nehmen kann.

Sowohl inhaltlich, zeitlich als auch hinsichtlich des Behandlungsorts gibt es unterschiedliche Vorstellungen in der »verhaltenstherapeutischen Welt«. Wir vertreten hier die gängige Lehrmeinung und lassen unsere eigenen Erfahrungen einfließen.

In der Verhaltenstherapie geht es darum, Verhaltensweisen und Einstellungen (er)lernen zu können. Dabei stehen uns verschiedene Methoden zur Verfügung, die für beide, Therapeuten und Betroffene einsehbar, nachvollziehbar und schließlich anwendbar sein müssen. Das ist etwas ganz Wichtiges: Alles, was in der Verhaltenstherapie passiert, soll für Sie verständlich sein. Es gibt nichts Geheimnisvolles oder Mystisches, sondern alle Therapieschritte können gut nachvollzogen werden.

Therapieschritte in der Verhaltenstherapie

Psychoedukation	▪ Wissens- und Informationsvermittlung ▪ Erarbeitung eines Krankheitsmodells ▪ Einbeziehung der (therapeutischen) Vorerfahrungen des Patienten
Verhaltens- und Problemanalyse	▪ Analyse von Gedanken, Vorstellungen, Empfindungen, Gefühlen, Erwartungen, Konsequenzen, Handlungen ▪ Vermeidungsstrategien ▪ Therapiegrundlage: kognitives Modell
Behandlungsplan/Zielanalyse	▪ kurz- und langfristige Ziele im und außerhalb des Zwangssystems
Exposition (Aussetzung) in der Vorstellung und später in der realen Situation	▪ Symptomliste – Angsthierarchie ▪ Konfrontationsliste – imaginierte oder reale Konfrontationen ▪ Reaktionsverhinderung (Angstkurve) ▪ Stimulus- und Reaktionsexposition
Funktionalität	▪ Einbeziehung der Angehörigen ▪ Belastung der Angehörigen ▪ Co-Therapeutenschaft
Rückfallschutz, langfristige Perspektive	▪ Krisenplan

Ein zweiter grundlegender Aspekt in der Verhaltenstherapie ist, dass der Therapeut Sie anleitet, selbst Veränderungen herbeizuführen. Das ist das wichtigste Ziel der Verhaltenstherapie: Sie als Betroffene sollen so gut es geht wieder ohne therapeutische Hilfe auskommen können. Deshalb müssen Sie alle Therapieschritte ganz aktiv mitgestalten.

Wie läuft eine Verhaltenstherapie ab?

Im Folgenden beschreiben wir die einzelnen Elemente der Verhaltenstherapie etwas ausführlicher.

Psychoedukation

Wissen und Information sind die Voraussetzung, um in einen aktiven Therapieprozess einsteigen zu können. Deshalb: Fordern Sie Informationen an, lassen Sie sich aufklären, bringen Sie alle Fragen, Bedenken, Erwartungen, Wünsche und Hoffnungen in die Therapie mit.

Verhaltens- oder Problemanalyse

Im Selbsthilfe-Kapitel lesen Sie auf S. 107–108, wie eine Problemanalyse im Einzelnen funktioniert.

Hier geht es um die ganz konkrete Beschreibung der für Sie problematischen Situationen einschließlich der umgebenden Bedingungen sowie der möglichen Folgen der Zwänge. Ihr Therapeut wird Sie ermutigen, Ihre Gefühle, Gedanken und Handlungen genau zu beobachten und aufzuschreiben. Im Ursachen-Kapitel haben wir ja beschrieben, wie eng unangenehme Gefühle und Gedanken mit den Zwangshandlungen verwoben sind. Es ist wichtig, zunächst den Ist-Zustand genau zu erfassen.

Mit dieser Verhaltens- und schließlich Bedingungsanalyse Ihres Verhaltens legen Sie einen Grundstein für den weiteren Behandlungsablauf und die konkrete Zielanalyse.

Zielanalyse

Was wollen Sie in welchem Zeitraum im Zwangsbereich und außerhalb der Zwänge verändern? Wobei genau brauchen Sie die therapeutische Hilfe? Hier geht es einerseits um ganz konkrete Ziele beim Zwangsabbau und andererseits um Ziele in Ihrem sozialen Umfeld.

Eine konkrete Anleitung finden Sie im Selbsthilfe-Kapitel auf S. 104–106.

Exposition

Exposition heißt, sich mit den angstauslösenden Reizen und mit den Reaktionen des Körpers (Gedanken und Gefühle) zu konfrontieren. Das kann zunächst einmal in der Vorstellung erfolgen, sollte aber am besten »am Ort des Geschehens«, d. h. in der konkreten Zwangssituation, bei Ihnen zu Hause, auf dem Arbeitsweg etc. stattfinden.

Bei der Exposition geht es nicht darum, keine Angst zu haben. Im Gegenteil: Wenn Sie bei einer Expositionsübung trotz großer Befürchtungen im Vorfeld kaum Angst verspüren, sollten Sie und Ihr Therapeut wachsam sein. Dann müssen Sie genau schauen, ob nicht eine verzögerte oder verschobene Zwangshandlung stattfindet: nämlich Stunden oder Tage später.

Das ist gar nicht so selten, dass Betroffene zwar die Konfrontationsübungen gut ausführen, aber das Händewaschen eben zwei Stunden später nachholen. Es muss in der Therapie gut abgesprochen sein, dass zur Konfrontationsbehandlung auch die Reaktionsverhinderung, das heißt der Verzicht auf Zwangshandlungen gehört.

Im Selbsthilfe-Kapitel finden Sie Beispiele, wie Expositionen bei Zwangsgedanken bzw. -handlungen ablaufen können (siehe S. 118 bzw. 115–116). Die Angstkurve ist dabei ein wichtiges Hilfsmittel (siehe S. 112–114).

Funktionalität

Auf dieses Phänomen haben wir bereits in Kap. 2 hingewiesen. Zunächst positiv anmutende Auswirkungen, die der Zwang mit sich brachte, gilt es zu erkennen, deren Kurzfristigkeit zu durchschauen und durch gesündere, zwangsfreie Mechanismen zu ersetzen. Oft haben Angehörige hier einen wichtigen Part zu leisten, weil sie Teil des Zwangssystems geworden sind.

Die Einbeziehung der Angehörigen ist deshalb eine weitere Voraussetzung für eine erfolgreiche Therapie. Hier gilt es lang eingeschliffene Muster im familiären Alltag zu erkennen, den Zwang zu entlarven und gesunde, zufriedenstellende Verhaltensweisen zu fördern.

Rückfallschutz und langfristige Perspektive

Einen Krisenplan finden Sie auf S.131. Hilfreiche Übungen und Überlegungen zum Rückfallschutz und zur »Heilung« lesen Sie auf S.121–127.

Am Ende einer Verhaltenstherapie steht auch die langfristige Perspektive. Geht eine Behandlung weiter? Wo? Wie? Und dazu gehört auch ein »Krisenplan« (siehe S.131). Sie sollen am Ende einer Verhaltenstherapie in der Lage sein, mögliche Krisen und schwierige Situationen managen zu können.

Verhaltenstherapeutische Methoden sind sehr umfangreich und umfassen nicht nur das bloße Verhaltenstraining, das Arbeiten am konkreten Symptom. Sondern (gute) Verhaltenstherapie ist sehr viel mehr und bezieht Ihren ganz individuellen Lebenskontext ein.

Was ist kognitive Verhaltenstherapie?

Die Entwicklung der sogenannten »kognitiven« Therapie ist eine interessante und notwendige Erweiterung in der Verhaltenstherapie.

Für das Verständnis der Zwangserkrankung ist es wichtig zu wissen, dass Überzeugungen, Einstellungen zu bestimmten Dingen in Ihrem Leben, aber auch einzelne Gedanken Ihr Verhalten ganz wesentlich bestimmen – oder man könnte auch sagen: »Sie tun nicht irgend etwas aus keinem Grund.«

Gerade für Zwangskranke ist dieser Teil der Therapie, der kognitive Behandlungsteil, aus unserer Sicht ganz entscheidend. Vielleicht erkennen Sie sich an der einen oder anderen Stelle wieder, wenn wir Ihnen im Folgenden einige sogenannte »Grundannahmen« von Zwangserkrankten, die in der kognitiven Therapie wichtig sind, auflisten.

Grundannahmen

Dies sind Annahmen, Ansichten und Einstellungen, die jemand im Laufe seines Lebens über sich, andere und die Umwelt entwickelt hat. Es sind also Überzeugungen darüber, wie Dinge im Leben funktionieren, dass manches gut, anderes schlecht, richtig oder falsch ist. Grundannahmen heißen diese Annahmen deshalb, weil sie etwas ganz Grundlegendes im Gedankengebäude von Menschen sind und sich in der Regel nicht »einfach mal so« verändern lassen.

Man kann nicht von heute auf morgen ganz anders als bisher sein; und man kann seine Grundannahmen auch nicht »einfach mal so« ändern.

Zwangserkrankte haben oft ganz strenge Vorstellungen, oder bleiben wir bei dem Begriff Grundannahmen. Zwangserkrankte bewegen sich deshalb in ganz engen Handlungsspielräumen, weil ihnen ihre Annahmen von sich und der Welt vorgeben, dass es oft nur so und nicht anders geht – deshalb haben Betroffene oft wenig Flexibilität in ihrem Denken und Tun.

ÜBUNG

Welche Grundannahmen haben Sie?

Vielleicht erkennen Sie sich an der einen oder anderen Stelle wieder, wenn wir Ihnen im Folgenden einige Grundannahmen von Zwangserkrankten auflisten.

▌ Das Denken an eine Handlung ist im Grunde dasselbe, wie ihre Durchführung. »Wenn ich den Gedanken, mein Kind zu erstechen, habe, dann tue ich das auch.«

▌ Schaden für sich oder für andere nicht zu verhindern (oder nicht versuchen zu verhindern), ist moralisch dasselbe, wie die schädlichen Folgen zu verursachen. »Wenn ich nicht die Glasscherben vom Gehweg entferne, ist es genauso schlimm, als würde ich jemanden verletzen (wollen).«

▌ Die Verantwortung für die schädlichen Folgen kann durch keine mildernden Umstände reduziert werden. »Es gibt nur ganz oder gar nicht – entweder ich verhindere mit allen Mitteln mögliche Schäden oder ich habe mich schuldig gemacht.«

▌ Wenn man an schlimme Dinge denkt und die dann notwendigen Rituale unterlässt, ist das dasselbe, als würde man die schlimmen Dinge geschehen lassen. »Auch wenn ich nur denke, dass etwas Schlimmes passiert – ich muss alles dagegen tun, dass es passieren könnte.«

▌ Man sollte (müsste) seine Gedanken kontrollieren. »Schlechte Gedanken darf man nicht haben.«

Die Annahmen, die für Zwangserkrankte wichtig sind, betreffen meist Bereiche, in denen Verbote, Regeln oder moralische Normen aufgestellt sind. Das ist typisch für Zwangserkrankte und spielt bei der Überwindung der Zwänge eine ganz wesentliche Rolle. Sie können jedoch lernen, wie unschlüssig, wie wenig nachvollziehbar, ja letztlich wie unnütz solche Annahmen für Ihr alltägliches Leben sind.

Gedanken und Handlungen sind nicht das Gleiche!

Gedanken und Handlungen sind etwas Grundverschiedenes. Das, was ich denke, ist eben nicht gleichbedeutend mit dem, was ich tun könnte oder gar tue.

ÜBUNG

Zwangsgedanken vorüberziehen lassen

Dass man Zwangsgedanken nicht willentlich stoppen kann, hatten wir ja schon auf S. 52 ausgeführt. Je stärker Sie sich darauf konzentrieren, nicht an etwas zu denken, desto hartnäckiger kreisen genau diese Gedanken in Ihrem Kopf.

Aber es gibt andere Methoden, die Ihnen bei quälenden Zwangsgedanken helfen. Je häufiger Sie diese Techniken einsetzen, desto besser funktionieren sie:

▌ Machen Sie sich bei jedem Zwangsgedanken klar, dass es sich lediglich um einen Gedanken und nicht um die Realität handelt. Wenn Ihr Zwangsgedanke lautet: »Ich habe mich mit AIDS infiziert«, relativieren Sie diese Aussage in »Ich hatte den Gedanken, dass ich mit AIDS in Berührung gekommen wäre.«

▌ Distanzieren Sie sich von Ihren Zwangsgedanken, indem Sie sie klar benennen. Sowie einer auftaucht, darf er sich nicht unbemerkt in Ihre normalen Gedanken hineinschmuggeln, sondern Sie sagen ihm: »Du bist ein Zwangsgedanke und hast nichts mit meinen tatsächlichen Werten und Gefühlen zu tun. Ich brauche nichts gegen dich zu unternehmen, weil du einfach nur ein Gedanke bist.«

▌ Nachdem Sie den Zwangsgedanken wahrgenommen und klar benannt haben, lassen Sie ihn ziehen. Sie brauchen sich nicht mehr mit ihm zu beschäftigen. Je weniger Aufmerksamkeit Sie ihm schenken, desto schneller verschwindet er. Stellen Sie sich vor, dass Gedanken wie Wolken sind, die am Himmel vorüberziehen. Sie kommen von selbst und sie gehen von selbst wieder.

Schuld und Verantwortung

Themen wie Schuld, jemandem Schaden zufügen, Verantwortung haben usw. sind bei Zwangserkrankten oft besonders angstbesetzt. Daher wird es in der Therapie auch darum gehen, ein entspannteres Verhältnis zu diesen Themen zu entwickeln, die momentan noch Ihre ganze Kraft, Aufmerksamkeit und eben Anspannung verlangen.

TIPP FÜR BETROFFENE

Psychosoziale Hilfsangebote nutzen

Die Zwänge führen oft zu erheblichen Einschränkungen: Familientreffen finden kaum noch statt, Kontakte zu Freunden sind rar geworden, die berufliche Tätigkeit kann nur noch schwer, manchmal gar nicht mehr ausgeübt werden. Auch können manchmal wichtige Angelegenheiten – schriftliche oder persönliche Kontakte zur Krankenkasse, zum Arbeitgeber, zu Bürgerämtern u. ä. – aufgrund von ausgeprägten Zwängen nicht mehr bewältigt werden.

Ämter und »Papierkram«

Diese Situationen sind zwar für alle Betroffenen sehr belastend, aber keineswegs als ausweglos zu betrachten. Vielmehr ist es wichtig, in diesen Fällen offen und ehrlich die Probleme beim Therapeuten – Arzt oder Psychologe – anzusprechen.

Das fällt schwer, weil diese Dinge als peinlich und schambesetzt empfunden werden. Aber es ist notwendig, denn gerade Behördenangelegenheiten können aufgrund möglicher gesetzlicher Konsequenzen langfristig zu negativen Auswirkungen führen, etwa wenn Bescheinigungen bei Krankenkassen oder Arbeitgebern nicht fristgemäß abgegeben werden können etc.

Therapeuten arbeiten in diesen Fällen eng mit Sozialarbeitern zusammen, die hier sehr hilfreich sein können, indem sie ganz praktische Unterstützung anbieten, d. h. wenn nötig, gemeinsam mit Ihnen Formulare ausfüllen, Ämtergänge durchführen, telefonische Termine vereinbaren.

Hausbesuche

Zu den psychosozialen Maßnahmen zählen auch ausgedehnte Hausbesuche, insbesondere dann, wenn der Weg zum Therapeuten in die Praxis oder in die Klinik dem Betroffenen schwerfällt oder durch die Zwänge unmöglich erscheint. Dann können z. B. auch Pflegepersonal oder Soziotherapeuten durch häusliche Kontaktaufnahme vertrauensvoll die ersten Behandlungsschritte bahnen. Manchmal wird erst dadurch eine Verhaltenstherapie im eigentlichen Sinne möglich.

Das heißt, auch schwerwiegende Einschränkungen durch die Zwangssymptomatik sollten kein Hindernis für eine Behandlungsaufnahme darstellen!

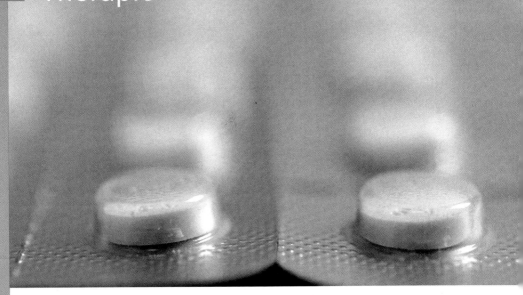

Biologische Behandlungsverfahren

In der Behandlung von Zwängen wurden verschiedene Therapieverfahren hinsichtlich ihrer Wirksamkeit untersucht (siehe tabellarische Übersicht auf S. 72). Einige der angeführten Verfahren sind im Stadium der wissenschaftlichen Erprobung und deshalb für die tägliche Praxis nicht wichtig – wir wollen deshalb darauf nicht näher eingehen.

Welche Medikamente sind hilfreich?

Es ist unumstritten, dass sich in der Behandlung von Zwangserkrankungen bestimmte Medikamente als hilfreich und hochwirksam erwiesen haben. Darauf wollen wir kurz eingehen.

Selektive Serotonin-Wiederaufnahme-Hemmer

Im Zusammenhang mit den Ursachen und der Entstehung von Zwangserkrankungen haben wir die Botenstoffe Serotonin (und Dopamin) schon einmal erwähnt (siehe S. 61–62). Selektive Serotonin-Wiederaufnahme-Hemmer (oder aus dem Englischen übersetzt: selective serotonin reuptake inhibitor, SSRI) greifen in die Übertragungswege des Serotonins im Gehirnstoffwechsel in der Art und Weise ein, dass es zu einer Normalisierung des körpereigenen Serotonins kommt.

In Deutschland gibt es Medikamente mit verschiedenen Wirkstoffen, die alle nach diesem Prinzip der selektiven Serotonin-Wiederaufnahme-Hemmung funktionieren: Paroxetin, Fluoxetin, Fluvoxamin, Citalopram, Sertralin.

TIPP FÜR BETROFFENE

Nebenwirkungen

Es ist für Sie sicherlich wichtig, neben den erwünschten, therapeutischen Wirkungen auch die unerwünschten, die Nebenwirkungen zu kennen. Manchmal kann dies zu einer schwierigen Entscheidung werden, wenn etwa Gewichtszunahme oder Müdigkeit ein Thema sind. Aber bedenken Sie in diesem Falle: Wenn Sie sich einmal für eine Kombinationsbehandlung aus Verhaltenstherapie und Medikamenten entschieden haben – und dafür gab es sicher gute Gründe – dann sollten in erster Linie die Wirkungen dieser Medikamente ausschlaggebend sein.

Darüber hinaus gibt es auch einen nicht-selektiven Serotonin-Wiederaufnahme-Hemmer, das Clomipramin. Dieses Medikament kann ebenfalls in der Behandlung von Zwängen hilfreich sein. Details sollten mit Ihrem Arzt besprochen werden.

Immerhin etwa zwei Drittel aller Betroffenen mit Zwangserkrankungen, die zusätzlich Medikamente einnehmen, profitieren davon und haben hinterher deutlich weniger Zwänge. Allerdings ist der Erfolg meist der Kombination aus Verhaltenstherapie und Medikamenten zu verdanken, denn 80% derjenigen, die Medikamente einnehmen und auf eine Verhaltenstherapie verzichten, haben nach Absetzen der Medikamente einen Rückfall.

Bei der Frage, ob und welche Medikamente Ihnen helfen könnten, wird Ihr Arzt auch Ihre gesamte psychische Situation mit berücksichtigen, insbesondere wenn Sie zusätzlich unter Depressionen oder zusätzlichen Einschränkungen im Alltag leiden.

Neuroleptika

Wenn Sie unter besonders hartnäckigen Zwangsgedanken leiden, könnten Ihnen eventuell sogenannte atypische Neuroleptika helfen. Sie werden nur in Ausnahmefällen bei besonders schweren Zwangserkrankungen verwendet, können dann jedoch eine deutliche Entlastung für die Betroffenen darstellen. Diese Medikamente greifen in den Dopaminstoffwechsel im Gehirn ein, indem sie eine Normalisierung dieses Botenstoffes bewirken. In die Gruppe dieser Medikamente gehört z. B. Risperidon, Olanzapin oder Quetiapin. Diese Medikamente werden in aller Regel nur vorübergehend eingesetzt, bis psychotherapeutische Methoden wirksam werden.

Wann Psychotherapie, wann Medikamente, wann beides?

Nach wie vor gilt, dass die Verhaltenstherapie Mittel der ersten Wahl in der Behandlung von Zwangserkrankungen ist. Andere psychotherapeutische Maßnahmen, wie etwa Entspannungstechniken, soziales Kompetenztraining oder tiefenpsychologische Methoden können individuell sinnvoll und nützlich sein. Inwiefern zusätzlich die oben aufgeführten Medikamente zum Einsatz kommen, hängt von der Dauer der bestehenden Erkrankung, von Begleitsymptomen wie depressiver Verstimmung oder von zusätzlichen psychischen Erkrankungen wie z. B. einer Tick-Störung ab. Medikamente als alleinige Behandlungsstrategie können nicht empfohlen werden.

Wo und wie soll die Therapie stattfinden?

Oft ist es für Betroffene eine große Überwindung, überhaupt den Weg in eine professionelle Unterstützung zu finden: Der Gang zu einem Psychologen, Psychiater oder Nervenarzt erscheint zunächst einmal schwierig. Wenn er gelungen ist, sind Betroffene und Angehörige meist erleichtert und einer erfolgreichen Behandlung scheint nichts im Wege zu stehen. Erst später entsteht manchmal die Frage, ob die Behandlung die richtige ist, ob es andere Möglichkeiten gibt und nicht zuletzt, ob eine stationäre Behandlung, die meist mit »besserer«, hilfreicherer Therapie verbunden wird, angestrebt werden sollte. Dazu ein paar grundlegende Bemerkungen.

3 ⌐ Therapie

Ambulante Behandlung

In der Mehrzahl der Fälle können Zwangserkrankte unter ambulanten Bedingungen behandelt werden.

Zur ambulanten Behandlung können Sie sich an einen psychologischen oder ärztlichen Psychotherapeuten in einer niedergelassenen Praxis bzw. speziellen Institutsambulanzen an Kliniken wenden.

Der Vorteil einer ambulanten Therapie ist, dass Ihr normaler Alltag zunächst einmal nicht unterbrochen oder gestört werden muss. Insbesondere Ihre verbliebenen gesunden Aktivitäten, Kontakte zu Freunden, Bekannten etc. können und sollen Sie aufrechterhalten.

Darüber hinaus sehen wir es als einen wesentlichen Teil Ihrer Therapie an, dass Übungs- und Konfrontationssituationen im gewohnten persönlichen Umfeld stattfinden, d. h. genau dort, wo Zwänge auftreten: Der ambulante Therapeut kann Sie auf Ihrem »Zwang-problematischen« Weg zur Arbeit begleiten, kann mit Ihnen gemeinsam die »kontaminierten« öffentlichen Verkehrsmittel benutzen etc.

Nicht zuletzt kann auch die Einbeziehung von wichtigen Angehörigen in Ihrem unmittelbaren Lebensumfeld optimaler erfolgen, als dies unter stationären Bedingungen, manchmal mehr als hundert Kilometer vom Heimatort entfernt, möglich wäre.

Stationäre oder teilstationäre Therapie

Wenn eine ambulante Behandlung nicht den erhofften Erfolg gebracht hat oder andere Belastungsmomente, z. B. erschwerte familiäre Bedingungen oder eine zusätzliche Depression, eine Rolle spielen, kann eine stationäre oder teilstationäre Therapie sinnvoll und manchmal notwendig sein.

Grundsätzlich können Sie in persönlichen Krisensituationen alle psychiatrischen und psychotherapeutischen Kliniken mit ihren unterschiedlichen Behandlungsangeboten in Anspruch nehmen. Sinnvoll jedoch ist, für eine gezielte verhaltenstherapeutische Behandlung Ihrer Zwänge genau darauf spezialisierte Einrichtungen anzusprechen. Dieser Weg ist manchmal schwierig, da es noch nicht allzu viele Kliniken in Deutschland gibt, die spezifische Behandlungsangebote für Zwangserkrankte vorhalten. Andererseits reichen die diesbezüglich vorhandenen Angebote derzeit nicht aus, weshalb oft lange Wartezeiten entstehen können.

In einer (teil)stationären Behandlung können Sie in der Regel unterstützt von einem multiprofessionellen Team aus Psychologen, Ärzten, Pflegepersonal, Sozialarbeitern und anderen Berufsgruppen Ihre Zwänge sehr komprimiert und intensiv bearbeiten.

Das, was für den Einen in einer ambulanten Behandlung vorteilhaft erscheint, nämlich im gewohnten Umfeld zu bleiben, kann für den Anderen eine zusätzliche Belastung sein und deshalb eine stationäre Behandlung sinnvoller machen. Alltagsbelastungen anhaltend ausgesetzt zu sein und zusätzlich eine Verhaltenstherapie beginnen, kann zu einem unüberwindbaren Hindernis werden und die stationäre Therapie geradezu als Entlastung dienen.

TIPP FÜR BETROFFENE

Wo soll meine Therapie stattfinden?

Die Wahl der Therapieeinrichtung muss stets individuell erfolgen. Weder ambulante noch stationäre Therapien sind prinzipiell besser oder schlechter. Was Ihnen am besten hilft, hängt von Ihrer aktuellen Lebenssituation ab.

Haben Sie keine Hemmungen, bei Ihrem Arzt bzw. Therapeuten Ihre eigenen Vorstellungen, Erwartungen und Hoffnungen, aber auch Befürchtungen und Sorgen diesbezüglich zu äußern! Nur so können Sie zu der richtigen gemeinsamen Entscheidung kommen.

Hat die Therapie Auswirkungen auf Angehörige?

Ja, und sogar in mehrfacher Hinsicht. Zum einen sind die meisten Angehörigen entlastet, wenn die Betroffenen Hilfe und Unterstützung erhalten und dann auch davon profitieren. Schließlich erfahren auch die Angehörigen dabei in aller Regel Unterstützung und fühlen sich in ihrer Problematik und Mitbetroffenheit verstanden. Das erleichtert ein familiäres System.

Zum anderen kann die Therapie neben krankheitsspezifischen auch beziehungsspezifische Auswirkungen auf die Angehörigen bzw. die Betroffenen haben. Zwänge haben manchmal jahrelang Einfluss auf eine Partnerschaft oder eine Eltern-Kind-Beziehung gehabt, haben diese Beziehung strapaziert und das Zusammenleben verändert. Dabei sind oft v. a. die kranken, die zwangsbehafteten Anteile der Betroffenen in den Vordergrund getreten und haben viel Gesundes aus der Wahrnehmung aller Beteiligten verdrängt.

Gesunde Anteile stärken

Durch die Therapie kann es möglich werden, dass eben diese gesunden Anteile wieder stärker in das Bewusstsein der Angehörigen gerückt werden und der Zwangskranke wieder mit all seinen Kompetenzen, Fähigkeiten und Fertigkeiten außerhalb und unabhängig vom Zwangssystem wahrgenommen wird.

Plötzlich erinnern sich beide, Betroffener wie Angehöriger, wieder an totgeglaubte, oft schöne Facetten der ursprünglichen Beziehung und können diese sehr bewusst in das gemeinsame Leben integrieren.

TIPP FÜR BETROFFENE

Die Therapie unterstützen

Sie können als Co-Therapeut die Therapie des Betroffenen unterstützen, indem Sie die Verhaltensübungen begleiten, die Betroffenen ermutigen und sich selbst gegen die Gefahr der Einbeziehung in die Zwangsrituale abgrenzen. Das ist ein sehr anstrengender Part, der sich aber lohnt. (Wie das funktionieren kann, schildern wir auf S. 91–93.)

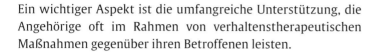

Ein wichtiger Aspekt ist die umfangreiche Unterstützung, die Angehörige oft im Rahmen von verhaltenstherapeutischen Maßnahmen gegenüber ihren Betroffenen leisten.

Veränderungen mitgestalten

Nach der Diagnose können Angehörige sich zunächst ohnmächtig und hilflos fühlen. Denn nicht selten muss ein neuer Rahmen geschaffen werden, in dem eine psychische Erkrankung wie die Zwangsstörung getragen und bewältigt werden kann. In diesem Prozess können aber auch positive, stützende Momente auftreten, die die Familienbeziehung stärker und stabiler machen. Und dies obwohl die Erkrankung zunächst zeitliche, finanzielle und psychische Entbehrungen kostet.

So zumindest hat ein Partner von einer Betroffenen seine Erfahrungen beschrieben: »Vor der Erkrankung hat sie sich immer sehr zurückgenommen, und wir hatten uns auch vorher jahrelang nicht streiten können, das war gar nicht gesund. Wir haben dem anderen nicht wehtun wollen. Das ist aber jetzt nach der Erkrankung auch möglich, dass wir uns streiten. Ja, es hat ringsum bei allem Schlechten auch recht gute Qualitäten hervorgebracht.«

3 Therapie

ZUSAMMENFASSUNG

Wie eine Therapie gelingt

Welche Behandlungsverfahren gibt es?

Entsprechend der verschiedenen Ursachen und Bedingungen, die zur Entwicklung einer Zwangserkrankung führen können, gibt es auch unterschiedliche Behandlungsverfahren. Wir unterscheiden psychologische, psychosoziale und biologische Therapien. Nach wie vor ist die Verhaltenstherapie Mittel der ersten Wahl in der Behandlung von Zwangserkrankungen. Serotonin-Wiederaufnahme-Hemmer sind Medikamente, die bei Zwangserkrankungen in Kombination mit der Verhaltenstherapie hilfreich sein können.

Was passiert bei einer Verhaltenstherapie?

Das wichtigste Ziel der Verhaltenstherapie ist, die Betroffenen zum Experten der Erkrankung zu machen und sie zu unterstützen, eine aktive Bewältigungsrolle einzunehmen. Dabei steht einerseits die Überwindung der konkreten Zwangssymptome im Mittelpunkt. Andererseits geht es um die Arbeit an der jeweiligen Lebenssituation der Betroffenen: Welche Behinderungen sind durch den Zwang eingetreten und wie kann diesen entgegengewirkt werden? Es soll den Betroffenen im Rahmen der Verhaltenstherapie gelingen, sich wieder auf gesündere, eigene kompetente Reserven zu verlassen.

Warum ist es so wichtig, dass auch die Angehörigen an der Therapie teilhaben?

Angehörige sind einerseits Mitbetroffene der Zwangserkrankung, da auch sie durch die Zwangssymptome und deren Auswirkungen auf den familiären Alltag erheblich belastet sind. Andererseits sind sie als nächste Bezugspersonen der Betroffenen oft zu wichtigen Helfern geworden. In der Therapie erfahren Angehörige Wichtiges zur Erkrankung und können lernen, hilfreiche und weniger nützliche Strategien im Umgang mit der Erkrankung und dem Betroffenen zu unterscheiden. So können sie im therapeutischen Prozess einerseits entlastet und selbst unterstützt werden und sich andererseits in ihrer Co-Therapeutenrolle üben.

Angehörige als Co-Therapeuten

Wenn Sie als Angehöriger mit Ihrer Einbeziehung in die Therapie einverstanden sind, ist das für alle Beteiligten hilfreich, für
den Betroffenen, den Therapeuten, aber auch für Sie selbst.

Unterstützung für den Betroffenen

▮ Was bedeutet Co-Therapeutenschaft nun eigentlich? Es
heißt, dass Sie Modellfunktion für wieder zu erlernende Alltagshandlungen, die durch den Zwang nicht mehr »normal«
funktionierten, übernehmen. Darüber hinaus können Sie
den Betroffenen ermutigen, die schwierigen Verhaltensex-
perimente aus der Therapie in die konkrete Alltagspraxis zu
übersetzen. Sie können sehr viel Mut machen, anerkennen,
loben und auch auf die (noch) kritischen Punkte hinweisen.
Ganz so, wie Therapeuten das auch tun.

▮ Therapeuten und Co-Therapeuten sind nicht dazu da, Druck
auszuüben, zu drängen, die Entscheidung oder Verantwortung für die Übungssituationen zu übernehmen. Die Verantwortung liegt immer beim Betroffenen! Auch wenn der
Übungsplan klar abgesprochen war und die Übungssitua-

tion lange vorbereitet wurde, wenn es konkret wird, muss der Betroffene selbst die Regie übernehmen.

▌ Diese Rollenverteilung sollte im Vorfeld klar abgesprochen werden. Es sollte unbedingt festgelegt werden, was die Beteiligten unter einer Co-Therapeutenschaft verstehen, was die Unterstützungsangebote im Konkreten sind. Wo werden Grenzen gesetzt, welche Situationen sollen wie ablaufen? Wann darf der Angehörige eingreifen, wann soll er den Betroffenen »Blut und Wasser schwitzen« lassen? Wann kann oder sollte der Angehörige Wünsche ablehnen, wann »Nein« sagen?

Zusammenarbeit mit dem Therapeuten

▌ Es ist wohl nachvollziehbar, dass Co-Therapeuten und Therapeuten miteinander in Kontakt stehen sollten. Sie müssen also einen Platz im therapeutischen Prozess haben, damit Sie Ihre unterstützenden Potenziale überhaupt entwickeln können. Außerdem benötigen Sie alle Informationen, die Sie für Ihre schwierige Mitarbeit brauchen. Und schließlich gehören zur Tätigkeit als Co-Therapeut auch die regelmäßige Supervision und der Austausch mit ähnlich Tätigen.

▌ Dazu sollten Sie Gruppengespräche unter Anleitung (Supervision) von Therapeuten oder aber selbstorganisierte Unterstützungsangebote – die Angehörigenselbsthilfe – nutzen. Auch hier können Sie Erfahrungen, die Sie als Co-Therapeut mit Ihrem Betroffenen gesammelt haben, austauschen.

Wie Sie davon profitieren

▌ Da Sie als Angehöriger von der Zwangserkrankung unweigerlich mitbetroffen sind, kann es für Sie sehr entlastend und erleichternd sein, im therapeutischen Prozess zu erfahren, wie und warum sich die Erkrankung entwickelt hat. Mögliche Schuldgefühle können besprochen werden.

▌ Sie müssen nicht mehr tatenlos zuschauen, wie der Betroffene den Zwängen hilflos ausgeliefert ist, sondern können ihn aktiv unterstützen, diese zu bewältigen.

- Die Co-Therapeutenschaft kann Ihre Beziehung zum Betroffenen stärken. Wenn ein Co-Therapeuten-Prozess gelingt, können Sie beide voneinander sehr profitieren.
- Auch als Angehöriger ist man durch die Zwangserkrankung oft jahrelang starken Belastungen ausgesetzt gewesen. Sie werden sowohl im therapeutischen Prozess als auch in Selbsthilfegruppen Unterstützung und Entlastung erfahren.
- In einer Therapie geht es nicht nur darum, die problematischen Anteile zu verändern, sondern auch die gesunden Seiten zu stärken und wieder vermehrt ins Blickfeld zu rücken. Sie werden darin unterstützt, Ihr eigenes Leben wieder »zwangloser« zu leben mit all den schönen und bunten Seiten, die Sie von früher her kennen. Der Therapeut wird Sie ermutigen, auch an sich zu denken, Ihre Bedürfnisse, Ihre Wünsche und Hoffnungen für sich selbst umzusetzen.

4 Selbsthilfe

Zwänge bewältigen

Im folgenden Kapitel erfahren Sie, wie Sie Ihre belastenden Zwänge bewältigen oder zumindest eindämmen. Die Übungen und Anleitungen entstammen der Verhaltenstherapie und haben sich im therapeutischen Alltag bewährt.

Machen Sie eine Bestandsaufnahme

S ie wollen die zahlreichen Einschränkungen durch Ihre Zwänge nicht länger hinnehmen? Sie wollen Ihre Zwangsgedanken und -handlungen aktiv überwinden? Der erste Schritt dazu ist eine Standortbestimmung, bei der Sie zunächst Ihre jetzige Situation analysieren, um sich darüber klar zu werden, welche unterschiedlichen Zwangshandlungen und -gedanken sich in Ihr Leben eingeschlichen haben. Dabei hat es sich bewährt, folgendermaßen vorzugehen:

- 1. Welche Zwangssymptome habe ich?
- 2. Welche Lebensbereiche sind zwangsfrei?
- 3. Was sind meine kurzfristigen Ziele?
- 4. Welche langfristigen Ziele habe ich?
- 5. Was denke, fühle und tue ich in der Zwangssituation?

1. Checkliste:
Welche Zwangssymptome habe ich?

In der folgenden Symptomcheckliste finden Sie verschiedene mögliche Zwangsgedanken und Zwangshandlungen (Checkliste in Anlehnung an Goodman et al. 1989).

▪ Möglicherweise haben Sie bereits in einem ersten Schritt alle Symptome angekreuzt, die Sie von sich kennen.

▪ Als Vorbereitung zur Übung markieren Sie nun bitte alle Zwangssymptome mit einem andersfarbigen Kreuz, die in den letzten vier Wochen bei Ihnen aufgetreten sind und die Sie als belastend erlebt haben.

▪ In der Spalte »Wichtigkeit« bewerten Sie den Schweregrad Ihrer Zwänge. Dabei ist entscheidend, wie stark der jeweilige Zwang (Gedanke oder Handlung) Sie in Ihrem Alltag einschränkt und belastet! Es hat sich bewährt, zunächst das Symptom herauszufinden, das Ihnen am meisten Beschwerden macht und es mit 1. zu bezeichnen. Nummerieren Sie Ihre aktuell belastenden Zwänge dann in absteigender Wichtigkeit durch.

▪ Diese Hierarchie ist nicht bindend für den Übungsablauf! Aber sie macht es Ihnen leichter, sich ganz bewusst für ein schwierigeres oder leichteres Übungsbeispiel – ganz in Abhängigkeit von Ihrer persönlichen Situation – zu entscheiden. Sie werden im Folgenden sehen, dass dadurch sowohl im Vorfeld einer Übung als auch im Nachgang das Bewältigte besser einzuschätzen ist.

Mögliche Zwangssymptome	Meine Zwangssymptome	Wichtigkeit
Zwangsgedanken mit aggressivem Inhalt		
Ich befürchte, mich selbst zu verletzen, z. B. beim Essen mit Messer und Gabel oder beim Hantieren mit scharfen Gegenständen.		

Mögliche Zwangssymptome	Meine Zwangs-symptome	Wichtig-keit
Ich befürchte, andere zu verletzen, z. B. unbemerkt jemanden mit dem Auto anzufahren oder jemanden vor den Zug zu stoßen.		
Ich habe gewalttätige oder schreckliche Vorstellungen.		
Ich befürchte, obszöne Gedanken oder Beleidigungen laut von mir zu geben.		
Ich habe Angst, ich könnte etwas Peinliches tun.		
Ich habe Angst, ich könnte etwas unbemerkt und ungewollt stehlen.		
Ich habe die Befürchtung, ich könnte daran schuld sein, dass etwas Schreckliches passiert.		
Ich habe andere aggressive Zwangsgedanken. Welche?		
Zwangsgedanken, die sich auf Verschmutzung beziehen		
Der Gedanke an körperliche Ausscheidungen (z. B. Urin, Kot, Speichel) beunruhigt mich sehr bzw. ich empfinde großen Ekel vor ihnen.		
Ich mache mir große Sorgen über Schmutz, Keime oder Krankheitserreger, z. B. an Türgriffen: Wenn ich einen Türgriff anfassen muss, stelle ich mir vor, dass er voller Keime von den vielen Menschen ist, die ihn vor mir angefasst haben. Die Keime kleben danach an meiner Hand.		
Ich habe Angst, ich könnte durch Umweltgifte (Asbest, Strahlen, giftige Abfallstoffe etc.) geschädigt werden. Oder ich befürchte, mich bei der Benutzung von Kosmetik, Reinigungs- oder Lösungsmitteln zu vergiften.		
Ich habe andere Sorgen hinsichtlich Verschmutzung und Infektion. Welche?		
Zwangsgedanken in Bezug auf den eigenen Körper		
Ich mache mir große Sorgen bei körperlichen Missempfindungen. Oder ich befürchte schwer krank zu sein, obwohl der Arzt sagt, dass alles in Ordnung ist.		

Mögliche Zwangssymptome	Meine Zwangs-symptome	Wichtig-keit
Ich mache mir übertriebene Sorgen, dass etwas an meinem Äußeren (z. B. Gesicht, Nase oder Ohren) nicht stimmt, obwohl alle das Gegenteil versichern.		

Zwangsgedanken mit sexuellem Inhalt

Es drängen sich mir »verbotene« oder »abartig« wirkende sexuelle Gedanken, Bilder oder Impulse auf.

Es belastet mich der Gedanke, plötzlich homosexuelle Vorlieben zu haben.

Zwangsgedanken mit religiösen Inhalten

Ich befürchte, gotteslästerliche Gedanken plötzlich und in unangemessenem Rahmen laut auszusprechen.

Ich beschäftige mich in übermäßigem Umfang mit Fragen der Moral und richtigen oder falschen Handlungen.

Zwangsgedanken, die sich auf Symmetrie oder Genauigkeit beziehen

Ich habe ständig die Sorge, etwas könnte unsymmetrisch oder schief angeordnet sein (z. B. an meinem Arbeitsplatz).

Ich muss oft bestimmte Gedanken denken oder Handlungen ausführen, damit nichts Schlimmes passiert (z. B. Befürchtung, dass die Mutter einen Unfall haben wird, wenn Dinge nicht am richtigen Platz stehen).

Verschiedene Zwangsgedanken

Ich leide unter dem Drang, Dinge wissen oder erinnern zu müssen (z. B. bestimmte Geburtstage oder Ereignisse aus der Vergangenheit).

Ich habe ständig die Sorge, wichtige Dinge zu verlieren (z. B. persönliche Dokumente).

Es drängen sich mir ständig unsinnige und nicht einzuordnende Geräusche, Wörter oder Melodien auf.

Ich bin oft damit beschäftigt, bestimmte Zahlen, die für mich Glück oder Unglück bedeuten, zu wiederholen bzw. in einer bestimmten Reihenfolge aufzuzählen.

Mögliche Zwangssymptome	Meine Zwangssymptome	Wichtigkeit
Ich habe andere abergläubische oder magische Befürchtungen. Welche?		

Reinigungs- und Waschzwänge

Ich wasche mir täglich mehrfach, sehr intensiv und in einem bestimmten Ritual die Hände.		
Ich betreibe eine ausgeprägte Körperpflege (z. B. täglich mehrfaches, umfangreiches Duschen, oder intensives, nach einem bestimmten Schema ablaufendes Zähneputzen etc.).		
Ich muss Haushalts- oder persönliche Gegenstände in übertriebenem Maße reinigen (z. B. tägliches, manchmal mehrfaches Bodenwischen oder Staubsaugen).		
Ich habe bestimmte Gewohnheiten, um Kontakt mit Verschmutzungen zu vermeiden oder zu beseitigen (z. B. Öffnen von fremden Türen ausschließlich mit dem Ellenbogen, beim Schließen Verwenden eines Taschentuchs).		
Ich habe andere Waschzwänge und Rituale. Welche?		

Kontrollzwänge

Ich kontrolliere regelmäßig Schlösser, Elektrogeräte, Fenster, Türen, Wascharmaturen oder ähnliches (z. B. beim Verlassen der Wohnung in einer bestimmten Reihenfolge).		
Ich überprüfe mehrfach, ob ich andere Menschen (oder mich selbst) verletzt habe (z. B. schaue ich mich auf der Straße immer wieder nach Menschen um, an denen ich vorbeigegangen bin, ob sie noch da sind und nicht etwa von mir umgestoßen wurden). Ich verfolge täglich sehr aufmerksam die Nachrichten, ob nichts Schreckliches passiert ist, an dem ich Schuld haben könnte (z. B. ein Flugzeugabsturz passiert ist, weil ich bestimmte Rituale nicht richtig ausgeführt habe).		
Ich kontrolliere ständig, ob ich keinen Fehler gemacht habe.		
Ich führe andere Kontrollen aus. Welche?		

Mögliche Zwangssymptome	Meine Zwangs-symptome	Wichtig-keit

Wiederholungszwänge

Ich muss ein Buch oder einen Text in der Zeitung mehrmals lesen, um den Inhalt richtig zu erfassen.

Ich muss Selbstgeschriebenes stets mehrmals lesen, um sicher zu sein, dass ich z. B. nichts Verbotenes oder Unanständiges geschrieben habe.

Ich wiederhole bestimmte Handlungen und Abläufe (z. B. nicht über die Türschwelle gehen können; mehrmals zum Regal gehen müssen; sich auf den Stuhl hinsetzen und wieder aufstehen etc).

Ich führe andere Wiederholungen aus. Welche?

Kombination mit Zählzwängen

Ich kann bestimmte Handlungen nur in Verbindung mit Zahlenfolgen erledigen (z. B. das Abschließen der Wohnungstür immer mit der Zahl 7 verbinden).

Sammel- und Aufbewahrungszwänge

Ich kann aus Angst vor Verlust wichtiger Informationen oder persönlicher Gegenstände nichts wegwerfen.

Ich sammle Zeitungen, Zeitschriften in übertriebenem Maße, sodass sich alles in meiner Wohnung stapelt.

Ich muss Dinge des täglichen Bedarfs in übertriebenem Maße aufbewahren, weil ich befürchte etwas Wichtiges wegzuwerfen, wenn ich die Dinge entsorgen würde (z. B. leere Flaschen, Joghurtbecher etc.).

Ich habe andere Sammelzwänge. Welche?

Verschiedene Zwangshandlungen

Ich muss bestimmte Gedankengänge immer und immer wiederholen.

Ich muss meine Alltagsverrichtungen in detaillierten Listen und Übersichten zusammenstellen.

Mögliche Zwangssymptome	Meine Zwangssymptome	Wichtigkeit
Ich habe oft den inneren starken Drang, Dinge anzufassen, anzutippen oder zu reiben (z. B. Lichtschalter mehrmals antippen, Sitzmöbel häufig berühren etc.).		
Ich leide darunter, in ritualisierter Form zu zwinkern, zu blinzeln oder jemanden anzustarren.		
Mein Essverhalten läuft immer nach einem strengen Ritual ab (z. B. die einzelnen Speisen immer in der gleichen Reihenfolge aufnehmen oder die Nahrungsbestandteile rechts, links, rechts etc. in einer bestimmten Anzahl zu kauen).		
Ich habe den Drang, mir in bestimmten Situationen Haare auszureißen (z. B. beim Fernsehen am Hinterkopf Haare ausdrehen).		
Ich führe sonstige Zwangshandlungen aus. Welche?		

2. Welche Lebensbereiche sind zwangsfrei?

Bevor es richtig losgehen kann, ist es wichtig, nicht nur eine Übersicht zu haben, welche Zwänge Sie ganz konkret angehen wollen, sondern auch noch einmal zu bedenken, dass sich mit

ÜBUNG

Wie groß ist der zwangsfreie Raum?

Es gehört zur Bestandsaufnahme dazu, sich auch im zwangsfreien Raum einmal eine Übersicht zu verschaffen. Dazu ist es hilfreich, das sogenannte »Tortenmodell« (Kreisdiagramm) zu verwenden: Stellen Sie sich Ihr Leben als eine Torte vor, die aus verschiedenen, für Sie ganz spezifischen Stückchen besteht. Benennen Sie diese Teile genau so, wie es konkret in Ihrem Leben aussieht. Hier ein Beispiel:

Ihre ganz individuelle Situation könnte z. B. so aussehen:

▌ $3/_4$ der »Torte« besteht aus Zwang, d. h. konkrete Zwangshandlungen und/oder Zwangsgedanken und all dem, was der Zwang Ihnen bislang an Freizeit, Hobbys etc. geraubt hat.

▌ Sie sehen, dass insgesamt nur $1/_4$ für alle Ihre anderen Lebensinhalte geblieben ist – hier in dem konkreten Beispiel bestehend aus Familie und Beruf.

Im Zusammenhang mit unserer Analyse (welche Lebensinhalte sind zwangsfrei?) sollten Sie nun Ihre ganz spezifische Lebenssituation in ein solches Tortenmodell eintragen. Dieses Modell soll nur eine Schätzung darstellen, die

Ihnen verdeutlichen kann, wie viel Ihres gesunden Lebens noch »übrig geblieben« ist bzw. wie viel Raum der Zwang mittlerweile besetzt hat.

Listen Sie dazu zunächst Ihre wichtigen Lebensbereiche auf (Familie, Beruf, konkrete Hobbys bzw. Freizeitgestaltung und Interessen). Teilen Sie nun einen Kreis (»Torte«) in zwei, vier... Stückchen und benennen Sie je nach geschätzter Größe die einzelnen Abschnitte.

Nun können Sie eindrucksvoll sehen, was Sie vielleicht schon lange gespürt haben: Der Zwang lässt Ihnen kaum noch Platz »zum Atmen« – die meisten gesunden Lebensbereiche sind auf ein Minimum zusammengeschrumpft oder gar nicht mehr vorhanden.

Diese Übersicht wird Ihnen für die Aufstellung Ihrer ganz konkreten Ziele im nächsten Abschnitt hilfreich sein!

der Eindämmung der Zwangssymptome auch Ihr »sonstiges Leben« verändern wird (oder bereits schon ein wenig verändert hat).

Sie erinnern sich, dass wir an einigen Stellen in diesem Buch auf Ihre Angehörigen eingegangen sind, Ihr familiäres, aber auch berufliches Umfeld angesprochen haben, die Funktionalität der Zwänge erwähnt haben usw. Dabei haben wir immer wieder darauf hingewiesen, dass die Zwangserkrankung nicht im luftleeren Raum besteht, sondern andere, gesunde Anteile in Ihrem Leben verdrängt hat.

3. Was sind meine kurzfristigen Ziele?

Für Ihre Zielstellung ist wichtig, diese beiden Teile der Bestandsaufnahme
▮ Symptomebene – Zwang
▮ außerhalb des Zwangs – im Leben
zu unterscheiden.

In der Praxis hat sich folgende Übersicht bewährt, in der noch einmal ganz konkret die Ziele aus der Symptomebene und die »sonstigen, zwangsfreien« Ziele zusammengetragen werden:

Für Ihre kurzfristigen Ziele veranschlagen Sie zunächst einen Zeitraum von 4 Wochen und geben diesen ganz genau mit Datum an.

Im Zwangsbereich:
▮ Hier nutzen Sie Ihre Checkliste (S. 97–102) und wählen sich ein oder zwei ganz konkrete Symptome aus, die Sie in den nächsten 4 Wochen bewältigen wollen. Nehmen Sie sich zunächst tatsächlich nur ein oder zwei Aufgaben vor und stecken Sie lieber später die Ziele ein wenig höher!

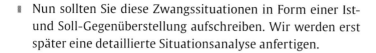
- Nun sollten Sie diese Zwangssituationen in Form einer Ist- und Soll-Gegenüberstellung aufschreiben. Wir werden erst später eine detaillierte Situationsanalyse anfertigen.

In anderen, zwangsfreien Bereichen:

- Hier nutzen Sie unser Tortenmodell und wählen sich für den begrenzten Zeitraum von 4 Wochen ebenfalls maximal zwei oder aber auch nur eine ganz konkrete Situation/Ziel aus. Und zwar etwas, was in den jeweiligen »Lebensstückchen« schon lange nicht mehr möglich war. Es empfiehlt sich, eine eher kleine, aber Ihnen wichtige Sache in Angriff zu nehmen. Wichtig: Es sollte Ihnen momentan bewältigbar scheinen! Auch hier ist die Ist/Soll-Gegenüberstellung sinnvoll.

Beispiel: Meine kurzfristigen Ziele für die nächsten 4 Wochen (20. März bis 20. April)

Ist	Soll
Im Zwangsbereich	
Wenn ich meine Wohnung verlasse, muss ich immer die Wohnungstür dreimal verschließen, öffnen, verschließen, öffnen... und danach noch dreimal am Türknauf drücken. Erst dann kann ich aus dem Haus gehen.	Ich möchte »ganz normal« beim Verlassen meiner Wohnung die Wohnungstür einmal zuziehen, einmal abschließen und dann ohne weitere Kontrollen aus dem Haus gehen.
Bevor ich aus der Küche gehe, muss ich immer – egal ob ich am Herd gearbeitet habe oder nicht – die Herdknöpfe kontrollieren. Ich muss nachschauen, ob die Knöpfe alle in Aus-Stellung sind und dabei mit der Hand den Knopf in dieser Aus-Stellung halten. Das tue ich so lange, bis ich das Gefühl habe, es ist gut.	Ich möchte den Herd nur noch »beachten«, wenn ich überhaupt daran gearbeitet habe. Wenn nicht, möchte ich nichts kontrollieren.
In anderen, zwangsfreien Bereichen	
Seit mindestens 2 Jahren bin ich trotz des großen Wunsches meines Partners nicht mehr mit ihm ins Kino gegangen.	Ich gehe in den nächsten 4 Wochen mit meinem Partner ins Kino: Film:
Ich war seit mindestens einem Jahr nicht mehr beim Friseur.	Ich gehe am .... zum Friseur .... und lasse mir die Haare färben und schneiden.

4. Welche langfristigen Ziele habe ich?

Für Ihre langfristigen Ziele veranschlagen Sie einen längeren Zeitraum. Wir empfehlen, dass Sie sich hierbei an einem Intervall, das in Ihrem aktuellen Leben ohnehin bedeutsam ist, orientieren. Der Mindestzeitraum sollte etwa 6 Monate nicht unterschreiten. Ansonsten gehen Sie genauso wie unter »kurzfristige Ziele« vor.

Beispiel: Langfristige Ziele für die nächsten 6 Monate (20. März bis 20. September; bis dahin muss ich mich entschieden haben, ob ich in meinem Job eine Verlängerung anstrebe und damit in D. wohnen bleibe.)

Ist	Soll
Im Zwangsbereich	
Ich kann nicht mehr mit meinem Auto fahren, da ich ständig den Gedanken habe, jemanden anzufahren.	Ich möchte wieder mein Auto »ganz normal« benutzen können.
An der U-Bahn-Haltestelle muss ich weit entfernt von anderen Personen stehen, da sich mir immer der Gedanke aufdrängt, ich könnte jemanden unbewusst vor den einfahrenden Zug stoßen.	Ich möchte mich an der U-Bahn-Haltestelle »ganz normal« zwischen und mit den anderen Leuten aufhalten können.
In anderen, zwangsfreien Bereichen	
Ich war seit 5 Jahren mit meinem Mann und meinem Sohn nicht mehr im Urlaub.	Ich möchte im August dieses Jahres für eine Woche eine Urlaubsreise mit meiner Familie antreten. Zeit: .... Ort: ....
Seit mindestens einem Jahr habe ich mich nicht mehr mit meiner besten Freundin getroffen.	Ich werde im Zusammenhang mit meinem Geburtstag im Juli dieses Jahres ein Treffen mit meiner besten Freundin organisieren. Am: .... Ort: ....

5. Was denke, fühle und tue ich in der Zwangssituation?

Wenden Sie sich nun der ersten zu überwindenden Zwangssituation aus Ihrer kurzfristigen Zielliste zu. In einer Verhaltens- und Situationsanalyse geht es darum, sich detaillierter mit den Gedanken, Gefühlen und Handlungen, die zu dieser Zwangssituation gehören, auseinanderzusetzen.

Die folgende Tabelle kann Ihnen als Vorlage dienen, um Ihre eigene Zwangssituation zu analysieren.

Verhaltensanalyse

Situation	Gedanken	Bewertung	Gefühle	Neutralisierung: Zwang/Vermeidungsverhalten
Ort, Zeit, wie ist die konkrete Situation?	Welche angstmachenden Gedanken und Befürchtungen habe ich?	Wie bewerte ich diese angstmachenden Gedanken? Welchen Stellenwert haben sie für mich?	Welche körperlichen Empfindungen – Gefühle!, nicht Gedanken!! – habe ich? Wo empfinde ich was?	Was tue ich (aktiv) oder unterlasse ich (passiv), um aus der unangenehmen Situation herauszukommen? Wie geht es mir dabei?
Beispiele				
(Datum und Uhrzeit) Ich stehe vor meiner Wohnungstür, muss diese jetzt verschließen, um dann zur Arbeit zu gehen.	Mir kommt beim ersten Zuschließen der Tür der Gedanke, die Tür ist nicht richtig zu, ein Fremder könnte in meine Wohnung gelangen und wichtige, unwiederbringliche Dinge entwenden.	Das wäre ganz fürchterlich und nicht wiedergutzumachen. Ich würde mir ewig Vorwürfe machen. Eine Katastrophe!	Mir wird mulmig in der Magengegend und ein wenig übel, ich zittere an den Händen, ein Kloßgefühl im Hals stellt sich ein.	Ich schließe noch einmal auf, öffne die Tür, ziehe sie noch einmal ins Schloss, schließe wieder ab, das wiederhole ich so lange, bis sich ein besseres, gutes Gefühl einstellt und meine Beschwerden im Magen und Hals verschwunden sind. Dann gehe ich und es ist erst einmal in Ordnung.

4 ∟ Selbsthilfe

Situation	Gedanken	Bewertung	Gefühle	Neutralisierung: Zwang/Vermeidungsverhalten
(Datum und Uhrzeit) Ich stehe vor meiner Garage und habe mir fest vorgenommen, heute mit dem Auto zur Arbeit zu fahren.	Da kommt der bekannte Gedanke: Wenn du dich jetzt in dein Auto setzt und losfährst, wirst du möglicherweise jemanden anfahren, vielleicht sogar überfahren. Du wirst es nicht unter Kontrolle haben.	Schrecklich. Unvorstellbar. Mein Leben wäre hin. Mit einer solchen Schuld könnte ich niemals leben.	Mir wird heiß und kalt – ein Schauer läuft über meinen Rücken, vor meinen Augen verschwimmt es, ich sehe schon die Schulkinder unsere Straße vor dem Haus überqueren. Meine Beine werden schwer, ich bekomme einen trockenen Mund, ringe nach Luft.	Ich drehe mich um, stecke den Autoschlüssel wieder in die Tasche, verlasse unser Grundstück und gehe zur U-Bahn. Wieder fahre ich nicht mit dem Auto. Ich merke, wie mir auf dem Weg zur Bahn besser wird, ich bin erleichtert.

eigene Verhaltensanalyse

Diese Verhaltensanalyse lehnt sich an das kognitiv-verhaltenstherapeutische Modell, das wir in Kap. 3 beschrieben haben, an. Es ist genauso aufgebaut und wird in der Therapie ebenso verwendet.

Die Zwänge schrittweise bewältigen

W as können wir in der Kette: »Situation → Gedanken → Bewertung → unangenehme Gefühle und Körperreaktionen → Zwangsverhalten zur Neutralisation« nun verändern?

▌ Die auslösende Situation selbst sicherlich nicht. Wenn wir mit dem Auto fahren wollen, werden wir unweigerlich vor der Garage oder auf dem Parkplatz mit dem Autoschlüssel in der Hand stehen müssen.

▌ Die Gedanken, die uns dann kommen, lassen sich ebenfalls nicht bewusst ausschalten. Allerdings gibt es einige Techniken, wie Sie die Gedanken leichter vorüberziehen lassen können. Diese Methoden haben wir Ihnen schon auf S. 80 vorgestellt.

▌ An der Bewertung der Gedanken lässt sich sehr wohl arbeiten – und das wollen wir im Folgenden tun.

▌ Ihre Gefühle und körperlichen Reaktionen können Sie ebenfalls nicht willentlich unterdrücken. Aber, und das ist ganz wichtig, man kann lernen, sie auszuhalten.

▌ Das Aushalten der unangenehmen Gefühle und das Unterlassen der Zwangshandlung geschehen gemeinsam in der sogenannten Exposition. Das hört sich erstmal ziemlich schwierig an, aber es funktioniert, denn die Angst nimmt mit der Übungsdauer und -häufigkeit immer weiter ab.

Aber zunächst wenden wir uns der (übertriebenen) Bewertung der angstmachenden Gedanken zu.

Die (übertriebene) Bewertung verändern

Dieser Punkt, nämlich an der Bewertung der Befürchtungen zu arbeiten, ist nicht ganz einfach, weil wir hierbei wieder an das Thema »Grundannahmen« stoßen. Sie erinnern sich, dass wir auf S. 79 davon sprachen, wie streng und festgefahren und oft unverrückbar diese Grundannahmen für Zwangserkrankte sind.

In einem unserer oben aufgeführten Beispiele würde das Arbeiten an der Bewertung bedeuten, eine gewisse Relativierung oder »Normalisierung« in den Gedankengang zu bringen, ohne die potenzielle Gefahr oder das durchaus bestehende Risiko »wegzureden«. Das heißt, es kommt darauf an, den unangenehmen Inhalt eines Gedankens als solchen ertragen zu können, auch einzuräumen, dass es letztlich keine 100%ige Sicherheit für eine Situation gibt. Andererseits stellen Sie persönlich aber auch kein potenziell höheres Risiko dar und führen nicht etwas Schlimmes in einer Situation bewusst herbei.

Bitte spielen Sie nun Ihre eigene Zwangssituation entsprechend durch und machen Sie sich Notizen in der Tabelle.

Bedeutung relativieren

Situation	Gedanken	Bedeutung	Relativierung
(Datum und Uhrzeit) Ich stehe vor meiner Garage und habe mir fest vorgenommen, heute mit dem Auto zur Arbeit zu fahren.	Da kommt der bekannte Gedanke: Wenn du dich jetzt in dein Auto setzt und losfährst, wirst du möglicherweise jemanden anfahren, vielleicht sogar überfahren. Du wirst es nicht unter Kontrolle haben.	Schrecklich. Unvorstellbar. Mein Leben wäre hin. Mit einer solchen Schuld könnte ich niemals leben.	Der Gedanke ist sehr unangenehm und diese Tatsache wäre auch ein furchtbares Unglück. Andererseits kann allen anderen Menschen beim Autofahren auch ein Unfall passieren. Außerdem kann niemand immer alles unter Kontrolle haben. Ich weiß aber von mir, dass ich umsichtig bin beim Autofahren und nicht bewusst risikoreich fahre.

TIPP FÜR ANGEHÖRIGE

Die Außensicht schildern

Bei dieser Relativierung können Angehörige sehr nützlich sein, indem sie dem Betroffenen quasi »von außen die normale Sicht« auf solche übertriebenen Bewertungen zurückmelden. In unserem Beispiel könnte also eine Partnerin zu ihrem erkrankten Mann sagen:

»Ja, du hast Recht. Wenn du mit dem Auto fährst, könntest du potenziell jemanden an- oder sogar überfahren. Und das wäre tatsächlich auch etwas Schlimmes. Aber es gibt keinen vernünftigen Grund, deshalb nicht mehr Auto zu fahren, denn du hast kein größeres Risiko als alle anderen Autofahrer auch. Deshalb solltest du unbedingt mit deinem Auto fahren.«

Es ist nicht ratsam, dass sich Angehörige an dieser Stelle sofort als hilfreiche Beifahrer anbieten, denn das könnte zu einer »versteckten Vermeidung« führen: Der Betroffene beruhigt sich damit, dass der Angehörige ja im Zweifelsfall mitkontrolliert und aufpasst. Also: Primär den Betroffenen ermutigen, die Situation allein anzugehen!

Angstverlauf bei der Exposition

Bei der Exposition geht es um die Konfrontation mit den angst-auslösenden Situationen und dem Aushalten der Gedanken, der unangenehmen Empfindungen und der Reaktionen Ihres Körpers. Da Sie sich bis hierher schon mehrfach mit Ihren ganz konkreten, Sie belastenden Situationen beschäftigt haben, wird es Ihnen nicht mehr ganz so schwerfallen, jetzt auch in die konkrete Übungsphase einzusteigen.

Wozu dienen Angstkurven?

Bevor Sie nun mit der Übung beginnen können, müssen wir Ihnen noch ein wichtiges Hilfsmittel vorstellen, nämlich die sogenannte Angstkurve. Wir haben schon erwähnt, dass Angst über die Zeit von ganz allein – auch ohne Neutralisationsver-halten – abnimmt, man sich also an die ängstigende Situation/ Gedanken gewöhnt. Um sich diesen Zusammenhang zu ver-deutlichen und um Ihre eigene Angst während der Exposition

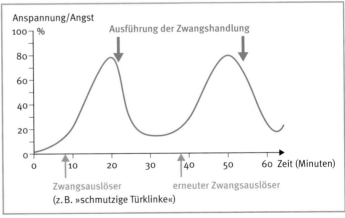

▲ Der Zwangsauslöser (z. B. eine »verschmutzte« Türklinke) lässt die Angst in die Höhe schnellen. Das Ausführen des jeweiligen Zwangsrituals (z. B. Waschen der Hände) sorgt für einen raschen Abfall der Angst. Daran »gewöhnt« man sich und setzt diese »hilf-reiche« Strategie der Angstbewältigung immer wieder ein.

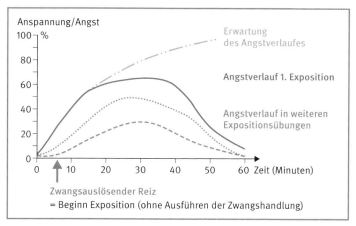

▲ Diese Kurven verdeutlichen, dass die Angst auch dann nicht ins »Unermessliche« steigt, wenn Sie kein Zwangsritual ausführen. Es erfordert allerdings zunächst einiges Durchhaltevermögen abzuwarten, bis die Angst von allein abklingt – das kann unter Umständen bis zu einer Stunde dauern. Wenn Sie die Anspannung und die unangenehmen Gefühle über die Zeit aushalten, »gewöhnt« sich Ihr Körper (= Habituation) daran, sodass nach jeder weiteren Expositionsübung die Angstkurve und damit die auszuhaltenden unangenehmen Gefühle deutlich weniger werden.

zu dokumentieren, können Sie die in den Abbildungen dargestellten Angstkurven verwenden.

Nun entscheiden Sie sich für den Übungsleitfaden Zwangsgedanken oder Zwangshandlungen und gehen jeden Schritt genau durch.

ÜBUNG

Zeichnen Sie Ihre persönlichen Angstkurven

Es ist hilfreich, dass Sie sich für Ihre konkreten, zu übenden Situationen Angstkurven erstellen.

Dazu sollten Sie analog den beiden Abbildungen zu Angstverläufen ein Diagramm vorbereiten: Die vertikale »Angstachse« können Sie von 0–100% (in 10er-Schritten) unterteilen. Die horizontale »Zeitachse« können Sie in 120 Minuten, ebenfalls in 10er-Schritten – also 10, 20, 30 Minuten usw. – unterteilen.

Angstkurve Zwangssituation

Zeichnen Sie nun Ihren individuellen, prozentualen Angstverlauf in einer Zwangssituation ein: Für die oben genannte Beispielsituation (Tür verschließen und kontrollieren vor dem Verlassen des Hauses) könnte dies bedeuten:

- Die Angst steigt bereits beim Vor-die-Tür-Treten auf ca. 10–20% an. Das dauert 2 Minuten.
- Wenn Sie nun mit der Tür beschäftigt sind – das erste Mal abschließen,

das erste, zweite ... Mal kontrollieren etc. – vergehen insgesamt vielleicht 15 Minuten, in denen sich Ihre Angst, die Tür könnte nicht richtig verschlossen sein, bis auf vielleicht maximal 40% steigert.

- Nachdem Sie die für Sie typischen Kontrollrituale ausgeführt haben, spüren Sie kaum noch eine Angst, der Kurvenverlauf tendiert nahezu an 0%.

Angstkurve Exposition

Hier gehen Sie grundsätzlich ähnlich vor, zeichnen aber den Verlauf der Angst, d. h. der konkret zu spürenden körperlichen Empfindungen, so ein, wie Sie es während der Exposition wahrnehmen. Das heißt, Sie tragen den Verlauf der Angstkurve ein, wenn Sie die Zwänge nicht ausführen. Orientieren Sie sich hierzu an der Muster-Angstkurve. Und bedenken Sie, es gibt immer nur maximal 100% Angst – mehr als 100% ist niemals möglich!

Übungsleitfaden bei Zwangshandlungen

Es ist nicht so entscheidend, ob Sie bei der Exposition mit einem für Sie geringen Schwierigkeitsgrad beginnen oder ob Sie einen »Sprung ins kalte Wasser« wagen und damit eine ganz große Herausforderung am Anfang wählen. Allerdings ist es ratsam, sich jetzt, wo Sie in die konkrete Übungsphase eingetreten sind, an Ihre persönliche Zielliste zu halten.

Alltagsrelevant üben

Üben Sie alltagsrelevante Verhaltensweisen so, wie diese tatsächlich in der Realität auftreten. Das heißt, dass man beispielsweise ein Toilettenbecken nicht intensiver zu berühren braucht, als dies bei einem normalen Toilettengang der Fall ist. Es hilft nicht mehr, wenn Sie sich extremeren, unrealistischen Reizen aussetzen.

Wichtig

In jedem Fall sollte die Exposition in Ihrem ganz persönlichen Umfeld, in dem die Probleme auch in der Realität auftreten, geübt werden, d. h. an Ihrem Herd zu Hause, an Ihrer Tür an Ihrer Arbeitsstelle usw.

Angst und Anspannung aushalten

Sie wissen bereits, dass das Problem Ihrer Zwangshandlungen darin besteht, dass Sie durch diese Handlungen Ihre bestehende Anspannung in der konkreten Zwangssituation vermindern, »neutralisieren« können. Umgekehrt bedeutet das aber auch, dass Sie ohne Ausführung der Zwangshandlungen die entstehende Anspannung aushalten lernen müssen.

Es reicht also nicht, die vermeintlich kontaminierte Türklinke zu berühren, sondern es ist wichtig, sich auch mit den angstmachenden Gedanken und Gefühlen auseinanderzusetzen und diese auszuhalten.

ÜBUNG

Exposition: Sich der Zwangssituation aussetzen

Sie haben die ganz konkrete Übungssituation parat (Verhaltensanalyse) und gehen zunächst jeden Schritt der geplanten Übung noch einmal im Kopf durch – Sie müssen ganz genau wissen, was Sie während der nächsten (Übungs-)Minuten erwartet. Dieses kurze gedankliche Durchspielen der Situation sollte Sie nicht zu lange aufhalten, es dient ausschließlich der Konzentration auf das Wesentliche.

Als Beispiel nehmen wir das morgendliche Verlassen der Wohnung, wie auf S. 107–108 beschrieben. Das Ziel für diese konkrete Situation besteht darin, die Wohnungstür einmal zuzuschließen und ohne weitere Kontrollen das Haus zu verlassen. In den nächsten Übungsminuten wird es also darum gehen, Ihre bisherigen Kontrollen zu unterlassen bzw. das gewünschte Verhalten einmal auszuführen und die dabei entstehenden unangenehmen Gefühle und Reaktionen Ihres Körpers auszuhalten. Nehmen Sie hierzu Ihre Angstkurven zu Hilfe.

Der Ablauf

Sie konzentrieren sich voll auf die Situation. In unserem Beispiel:

▪ Sie stehen vor der Tür, ziehen die Tür ins Schloss, drehen den Schlüssel einmal um, ziehen ihn ab, drehen sich um und gehen. Sie verlassen das Haus.

▪ Sie vermeiden jegliches Kontrollieren – als Blick, als Erinnerung, als Zurückgehen – konsequent.

▪ Jetzt müssen die katastrophisierenden Gedanken (ein Fremder könnte Wichtiges stehlen) und deren körperliche Reaktionen ausgehalten werden.

▪ Sie haben in Ihrem Verhaltensprotokoll genau aufgeschrieben, welche körperlichen Reaktionen zu erwarten sind. Überprüfen Sie dies jetzt in der konkreten Situation: Ihnen ist mulmig in der Magengegend? Ihnen ist übel? Sie zittern, haben ein Kloßgefühl im Hals?

▪ Gut so, wenn Sie diese Gefühle wahrnehmen, sind Sie richtig! Konzentrieren Sie sich bewusst auf das, was in Ihrem Kopf und in Ihrem Körper vor sich geht. Sie werden bewusst wahrnehmen und sich langsam daran gewöhnen, dass diese unangenehmen Gefühle auszuhalten sind!

▪ In diesem Stadium werfen Sie im Geiste immer wieder einen Blick auf Ihre Angstkurve und stellen sich vor, an welcher Stelle der Angstkurve Sie sich gerade befinden: Wie viel Prozent unangenehme Gefühle nehmen Sie wahr, welche körperlichen Empfindungen haben Sie:

– Ich spüre die Übelkeit in meinem Magen, Zittern der Hände – das liegt bei 80%.

– Vielleicht 10 Minuten später: Die Übelkeit ist kaum noch zu spüren, das Zittern hat deutlich nachgelassen etc.

Der Gewöhnungseffekt

Wenn Sie wie beschrieben vorgehen, werden Sie bemerken, dass die unangenehmen Gefühle aushaltbar sind und nach einer gewissen Zeit verschwinden. Sie haben sich daran gewöhnt, solche katastrophisierenden Gedanken und deren unangenehmen Gefühle auszuhalten. Eine solche Übungssituation kann durchaus eine ganze Stunde in Anspruch nehmen. Deshalb müssen Sie vor jeder geplanten Übung körperlich und seelisch gut vorbereitet sein.

Mögliche Fehler

Wenn während einer Expositionsübung erstaunlich wenig Angst auftritt, seien Sie wachsam, ob nicht eine verzögerte oder verschobene Zwangshandlung stattfindet: nämlich Minuten oder Stunden später.

Es ist gar nicht so selten, dass Betroffene zwar die Konfrontationsübungen gut ausführen, aber ein Hintertürchen für den Zwang offenstand: Dass das Kontrollieren der Tür nämlich z. B. dadurch sichergestellt wurde, dass der Betroffene wusste, gerade heute kommt ja meine Partnerin früher von der Arbeit nach Hause und die Wohnung ist nur knappe 2 Stunden unbeaufsichtigt, das ist ja gar nicht so schlimm!

Neu-/Umbewertung der angstmachenden Gedanken:
Während der Exposition wird Sie immer wieder der Gedanke beherrschen, wie furchtbar und schrecklich die Konsequenzen Ihres »unvorsichtigen Tuns« sind.

In unserem Beispiel heißt dies: Die Tür nicht noch einmal zu kontrollieren, ist äußerst verantwortungslos, da schreckliche Konsequenzen daraus erwachsen können. Es geht also in der Exposition auch darum, sich immer wieder den aufdringlichen Gedanken auszusetzen.

In unserem Beispiel: »Ja, wenn ich die Tür nicht richtig abschließe, kann ein Fremder potenziell in meine Wohnung und für mich wichtige Dinge entwenden. Vielleicht sind diese Dinge auch unwiederbringlich verloren. Aber das ist ein Risiko, das ich genauso wie alle anderen Menschen beim Verlassen meiner Wohnung potenziell eingehen muss.«

Übungsleitfaden bei Zwangsgedanken

Um Zwangsgedanken zu überwinden, wird grundsätzlich nach dem gleichen Prinzip wie bei Zwangshandlungen geübt. Allerdings kann man, um die erfolgreiche Bearbeitung von Zwangsgedanken zu forcieren, ein »doppeltes Vorgehen« wählen – einmal in der konkreten Situation, in der der Gedanke auftritt, und außerhalb der »gefährlichen« Situation, dann wenn es »nur« um Gewöhnung geht.

Neu-/Umbewertung der angstmachenden Gedanken:
Auch während der auf S. 118 beschriebenen Exposition wird Sie immer wieder der Gedanke beherrschen, wie furchtbar und schrecklich die Konsequenzen Ihres »unvorsichtigen Tuns« sind.

In unserem Beispiel heißt dies: »Ein Schulkind an- oder gar zu überfahren wäre mein Ende. Das könnte ich niemals ertragen, diese Schuld ist nicht wiedergutzumachen!« (siehe oben »Bewertung« in der Verhaltensanalyse)

Es geht also wieder darum, sich den aufdringlichen Gedanken auszusetzen: »Ja, wenn ich ein Schulkind anfahren würde,

---

ÜBUNG

Exposition: Zwangsgedanken aushalten

Als Beispiel nehmen wir die Zwangsgedanken, die auftreten, wenn Sie mit dem Auto zur Arbeit fahren möchten (siehe S. 118). Sie öffnen die Garage, steigen in das Auto und fahren es vom Grundstück auf die Straße. Sie werden merken, wie aufdringlich sich immer wieder die aggressiven Zwangsgedanken dazwischen drängen – bleiben Sie hart. Sie sind stärker! Dabei konzentrieren Sie sich wieder voll und ganz auf die Situation:

▪ Sie sitzen in Ihrem Auto und fahren auf der Straße los. Es wird jegliches Kontrollieren – als Blick in den Spiegel, anhalten, aussteigen und hinter das Auto schauen, ob Sie jemanden verletzt haben etc. – konsequent vermieden.

▪ Die katastrophisierenden Gedanken (Ich könnte jemanden an- oder umgefahren haben) und deren körperliche Reaktionen müssen wiederum ausgehalten werden.

▪ Sie haben in Ihrem Verhaltensprotokoll genau aufgeschrieben, welche körperlichen Reaktionen zu erwarten sind. Überprüfen Sie dies jetzt in der konkreten Situation: heiße und kalte Schauer über den Rücken, trockener Mund, Zittern, Luftnot?

▪ Auch hier gilt: Gut so, wenn Sie diese Gefühle wahrnehmen, sind Sie auf dem richtigen Übungsweg! Konzentrieren Sie sich bewusst auf das, was in Ihrem Kopf und in Ihrem Körper vor sich geht. Sie werden bewusst wahrnehmen und sich langsam daran gewöhnen, dass diese unangenehmen Gefühle auszuhalten sind!

▪ Auch hier überprüfen Sie sich immer wieder mit (innerem) Blick auf Ihre Angstkurve, wieviel Prozent der unangenehmen Gefühle Sie jeweils noch wahrnehmen – immer wieder im inneren Dialog mit den körperlichen Empfindungen:

 – Ich spüre die unangenehmen Gefühle auf meiner Haut, den trockenen Mund etc. – das liegt bei 70–80%.

 – Vielleicht 5 Minuten später: Ich bin weniger angespannt, es geht besser, ich fahre entspannter, die angstmachenden Gedanken sind nur noch ganz schwach etc.

Dabei bemerken Sie auch hier, dass die unangenehmen Gefühle auszuhalten sind und nach einer gewissen Zeit verschwinden. Sie haben sich daran gewöhnt, solche aggressiven Zwangsgedanken und deren unangenehme Gefühle auszuhalten.

wäre das sehr schlimm. Aber das ist ein Risiko, das ich genauso wie alle anderen Menschen beim Autofahren eingehen muss. Ich verhalte mich verantwortungsvoll, fahre umsichtig mit meinem Auto, habe aber letztlich niemals 100%ige Kontrolle über die Dinge.«

Unser Beispiel ist besonders schwierig, da es sich um eine Situation handelt, die ohnehin große Konzentration verlangt: Beim Autofahren muss man mit seinen Gedanken bei der Sache sein!

Deshalb ist es ratsam, eine solche besonders schwierige Situation im Vorfeld gedanklich gut durchzuspielen, also Schritt für Schritt vorzubereiten bzw. auf eine Übung »außerhalb der konkreten Situation« (siehe unten) zurückzugreifen!

ÜBUNG

Wie Sie außerhalb einer Zwangssituation üben können

Am besten wählen Sie sich eine ruhige Situation aus, in der Sie allein und ohne Stress üben können. Sie schreiben sich einen der belastenden Zwangsgedanken ganz konkret, so wie wir es in der Verhaltensanalyse praktiziert haben, auf ein Blatt Papier auf.

Nun lesen Sie sich diesen Gedanken laut vor und spüren nach, welche Gefühle und Empfindungen in Ihnen auftreten. Diese machen Sie sich ganz bewusst, d. h. Sie sprechen diese auch laut aus (Ich spüre, wie meine Beine zittern, mein Kopf schwer wird usw.). Dieser Vorgang wird immer und immer wieder wiederholt – bis Sie merken, dass Ihnen der Gedanke überdrüssig wird und die unangenehmen Gefühle an Intensität verlieren. Auch hier haben Sie die für diese Situation erstellte »Angstkurve« mindestens vor Ihrem geistigen Auge, besser als Übungsblatt vor sich liegen.

Diesen letztgenannten Ablauf können Sie auch variieren, indem Sie die unangenehmen Gedanken auf ein Endlosband (Kassette im Fachhandel erhältlich) sprechen und sich fortlaufend anhören. Dabei sollte immer nur ein Gedanke gehört und geübt werden.

Wie oft muss ich »üben«?

Letztendlich sollten Sie immer dann üben, wenn die Zwänge auftreten. Zunächst ist es jedoch sicherlich realistischer, sich in Übungssituationen auszuprobieren, die sich auch besser kontrollieren lassen. Später geht es dann darum, auch unter den normalen »nicht kontrollierten« und potenziell stressigeren Bedingungen zwangsfrei zu sein, d. h. auch unter anstrengenden Bedingungen gegen auftretende Zwangsimpulse Widerstand zu leisten.

Dieser Weg kann stufenweise erfolgen. Sie können sich zunächst einen stressärmeren Alltag aussuchen. In aller Regel ist das das häusliche, bekannte Umfeld, in dem Übungen gegen den Zwang gut durchgeführt werden können. Besonders hartnäckige oder für Sie sehr schwer bewältigbare Zwänge können

TIPP FÜR BETROFFENE

Belohnen Sie Ihre Erfolge!

Ihre Zwänge zu bewältigen ist eine harte Sache! Sie brauchen sehr viel Kraft und müssen immer und immer wieder den »kleinen Versuchungen« des Zwangs widerstehen. Deshalb ist es wichtig, sich angenehme Erlebnisse und Aktivitäten zu verschaffen.

Manchmal sind Betroffene hier eher etwas zögerlich, weil Sie glauben, mit einer so schweren Erkrankung kann man nicht – quasi »gleichzeitig« – fröhlich, gut gelaunt und entspannt sein. Manchmal denken Sie vielleicht auch, Ihre Angehörigen, Ihr Umfeld würde Ihnen dann nicht mehr glauben, dass Sie so sehr unter den Zwängen leiden. Deshalb sollte auch Ihre unmittelbare Umgebung wissen, dass Genuss und die schönen Seiten des Lebens einen wichtigen Part bei der Überwindung der Zwänge spielen!

Also: Gönnen Sie sich nach jeder gelungenen Übung einen kleinen Genuss. Das kann etwas ganz Einfaches und Kleines sein – es muss Ihnen gefallen, Ihnen guttun. Auf den Seiten 125–127 finden Sie Anregungen dazu. Nur Mut, belohnen Sie sich, das motiviert und gibt Ihnen Kraft weiterzumachen!

durchaus noch lange in klar strukturierten und vorgeplanten Übungssituationen durchgeführt werden. Dadurch erlangen Sie mehr Sicherheit und Vertrauen auch für diese, zunächst unüberwindbar scheinenden Zwangssymptome.

Allmählich sollten Sie schließlich auch in aller Öffentlichkeit und in spontan auftretenden »Risikosituationen« dem Zwang widerstehen können und Ihre Übungen langsam wieder als das normale, eben zwangsfreie Leben verstehen.

Wenn plötzlich neue Zwänge auftreten

Zwänge können im Laufe der Erkrankung wechseln, d. h. Symptome, die einmal aufgetreten sind, können durch andere ersetzt werden bzw. es können auch immer mal wieder einige dazukommen. Man nennt das Symptomverschiebung. Das muss Sie nicht erschrecken, bei den beschriebenen Übungen und in der Therapie geht es um die grundlegenden Aspekte der Erkrankung.

Manchmal können Symptomverschiebungen auch im Laufe der Therapie stattfinden, z. B. wenn an einzelnen Zwängen nur oberflächlich geübt wurde.

Die Behandlung zielt nicht auf einen konkreten »Türklinkenzwang« oder »Spitze-Messer-Zwang« ab, sondern die dargestellten Therapieschritte wurden so aufgebaut, dass die grundlegenden Befürchtungen, Gedanken und Gefühle, die bei Zwängen auftreten, bewältigt werden können. Alle Zwangssituationen folgen dem kognitiven Modell, das wir in Kap. 2 vorgestellt haben und sind deshalb auf die prinzipiell gleichen Mechanismen zurückzuführen.

Andererseits werden Sie beim Üben einzelner Situationen merken, dass jeweils die weiteren Übungen leichter fallen, da Sie eigentlich »immer nur die gleichen Gedanken und Gefühle« aushalten müssen. Das klingt an dieser Stelle vielleicht banal, vielleicht schwer vorstellbar. Überprüfen Sie es selbst, wenn Sie eine Weile mit dem Übungsprogramm erfolgreich gearbeitet haben.

Wann bin ich »geheilt«?

»Heilung« ist im Falle der Zwangserkrankung als das größtmögliche Maß an individueller Bewältigung von Zwängen und deren Auswirkungen auf wichtige Lebensbereiche zu verstehen.

Zwänge können, je länger sie bestehen, zu sehr hartnäckigen Begleitern in Ihrem Leben werden. Die zwanghaften Verhaltensweisen haben sich in Ihrem Leben gut eingerichtet. Sie haben sich manchmal (auch unbewusst) an die Rituale so sehr gewöhnt, dass diese fast zum »normalen« Alltag dazugehören. Das macht verständlich, weshalb sich eventuell nicht alle Zwänge »problemlos« überwinden lassen, sondern Ihnen einige trotz Übens erhalten bleiben bzw. nur schwer überwunden werden können. Besonders in schwierigen, stressigen Lebenssituationen können sich Ihnen Zwangsrituale als heimliche und versteckte »Pseudolösungen« anbieten, um somit einer vielleicht konflikthaften Bewältigungsstrategie auszuweichen.

Es ist ein Zeichen von »Heilung«, wenn Sie es langfristig und anhaltend schaffen, die erlernten Bewältigungsmechanismen auch in schwierigen oder kritischen Lebenssituationen gegen die sich aufdrängenden Zwänge erfolgreich einzusetzen. Viele Betroffene schaffen es, in dieser Art und Weise ihren ganz individuellen Alltag weitgehend zwangsfrei zu bewältigen und sowohl in der Familie, als auch im Freundeskreis und nicht zuletzt in den unterschiedlichsten Berufen wieder als »vollwertig und gesund« akzeptiert zu werden.

Ressourcen erkennen und stärken

N eben der Reduzierung ganz konkreter Zwangshandlungen soll auch das Leben wieder genussvoller werden. Der verschwundene oder reduzierte Zwang hinterlässt nämlich Lücken. Nicht nur zeitlicher Art – plötzlich haben Sie täglich zwei Stunden »frei«, in denen Sie früher kontrolliert haben. Nein, auch die positiven Folgeerscheinungen, die der Zwang hatte, wollen anderweitig realisiert werden. Hierzu geben wir Ihnen in diesem Unterkapitel Hilfestellungen und Anregungen. Es wird auch darum gehen, wie Sie Wohlbefinden und Ausgeglichenheit im täglichen Leben erzielen können, damit Sie auch langfristig vor »neuen Zwangsattacken« geschützt sind.

Die »Zwangslücken« füllen

Machen Sie sich noch einmal ganz bewusst, inwiefern die Zwänge Sie unterstützt haben; welche Bedürfnisse wurden dadurch – zumindest zeitweise – ruhig gestellt? Es ist wichtig, diese Bedürfnisse zu erkennen und auch anzuerkennen und natürlich sie letztendlich auf anderem »gesunden« Wege zu befriedigen.

ÜBUNG

Ich sorge für meine Bedürfnisse

Wir laden Sie ein, dazu folgende Tabelle auszufüllen. Alle Ideen und Wünsche sind erlaubt – gehen Sie spielerisch an die Sache heran.

Welche Zwangsgedanken und -handlungen habe ich hinter mir gelassen bzw. werde ich hinter mir lassen?	Welche positiven Gefühle hatte ich danach? Welche Bedürfnisse wurden dadurch gestillt?	Welche alternativen Verhaltensweisen möchte ich ausprobieren? Was tut mir gut?

Welche der aufgelisteten neuen Verhaltensweisen möchten Sie in die Tat umsetzen? Machen Sie sich am besten auch hier eine Liste – in der linken Spalte tragen Sie die Verhaltensweisen ein, in der rechten, wie Sie sich dabei und danach gefühlt haben. Wenn Sie mögen, können Sie sich auch einen Zeitplan erstellen, wann und wie oft Sie welche neue Aktivität ausprobieren möchten. Aber lassen Sie das Ganze nicht in Arbeit ausarten, schließlich soll es Ihnen Freude bereiten und Ihr Wohlbefinden steigern.

Wenn es Ihnen schwerfällt, sich Aktivitäten auszumalen, die Ihnen guttun und Spaß machen, hilft Ihnen vielleicht folgende Übung

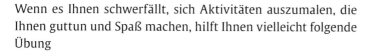

ÜBUNG

Wie Sie Ihre Ressourcen stärken

Für viele Menschen sind beispielsweise folgende Tätigkeiten Quellen der Kraft (Ressourcen): In der Natur sein, spazieren gehen, ein gutes Buch lesen, Leckeres essen, ein wohliges Bad nehmen, einen lieben Menschen in den Armen halten, in der Sauna schwitzen, eine Radtour machen, gemütlich mit Freunden zusammensitzen, tanzen, Musik hören, Yoga machen, auf dem Bett liegen und träumen, mit dem Hund spielen, basteln, Urlaubsbilder anschauen, Gedichte schreiben, kochen, singen, beten, meditieren, politische Diskussionen führen, am Strand laufen, in der Sonne liegen, philosophieren, malen oder zeichnen, töpfern, sexuelle Aktivitäten, Kindern eine Geschichte vorlesen, eine Kunst-ausstellung besuchen – diese Liste lässt sich beliebig lang fortführen. Welches sind Ihre Ressourcen? Dies können Dinge sein, die Sie früher – bevor die Zwänge das Leben bestimmten – gern getan haben, aber auch neue Aktivitäten, die Sie gern ausprobieren möchten.

Nehmen Sie sich ein leeres Blatt Papier und lesen Sie zunächst die Liste durch, alle aufgeführten Punkte, die auch auf Sie zutreffen, schreiben Sie – eventuell etwas modifiziert, sodass es für Sie stimmt – auf, währenddessen kommen Ihnen vermutlich noch weitere Erinnerungen oder Ideen, die Sie sich notieren möchten. Versuchen Sie, diese schönen Tätigkeiten so oft wie möglich in Ihren Alltag einzubauen.

Genusstraining

Die Kombination von »Genuss« und »Training« mutet zunächst sicherlich seltsam an. Aber ja, man kann auch das Genießen verlernen und wieder neu erlernen. Solange Ihr Leben von Zwängen bestimmt war, hatten Sie vermutlich wenig Zeit und Energie, um ans Genießen auch nur zu denken. Die genussvollen Seiten des Lebens kamen bei Ihnen lange Zeit zu kurz.

Wir wollen Sie anregen, Ihre zwanglosen, unkomplizierten, ja lebensfrohen und genussvollen Seiten wiederzuentdecken. Die folgende Anleitung kann Ihnen dazu Ideen geben.

4 — Selbsthilfe

Kleine Schule des Genießens

In unserer kleinen Schule des Genießens wollen wir Sie dazu einladen, sich einmal nur auf Ihre Sinne zu konzentrieren: Riechen, Tasten, Schmecken, Schauen, Horchen.

Lassen Sie sich doch von der folgenden Tabelle anregen und probieren einfach aus. Dabei achten Sie auf immer wieder neue Beispiele aus Ihrer unmittelbaren Umgebung und versuchen diese mit möglichst vielen Beschreibungen schriftlich festzuhalten. Mit diesen Übungen verbindet sich natürlich, dass bestimmte Materialien z. B. auf einem »Schnupperspaziergang« durch den Park erst einmal erkundet werden müssen etc.

Die Genussexperimente können mit der Zeit umfangreicher, differenzierter, dann auch spontaner werden. Aber ein schrittweise geplanter Anfang hat sich in unseren Therapierunden gut bewährt.

Sinne	Beispiele	Beschreibung
Riechen	an einer Rose im Park an einer Apfelsine	frisch, nach Mandeln süßlich, Erinnerung an Italienurlaub
Tasten	mit geschlossenen Augen verschiedene kleinere Gegenstände, die sich in einem undurchsichtigen Beutel befinden ertasten und beschreiben	rauh, glatt, weich, hart, warm, kalt …
Schmecken	verschiedene Speisen ganz bewusst und einzeln »erschmecken«	süß, sauer, salzig, bitter, trocken …
Schauen	Parkspaziergang	verschiedene Bäume, Pflanzen, Menschen registrieren und beschreiben
Horchen	frühmorgens auf dem Balkon	Vogelzwitschern, welche einzelnen Straßengeräusche?

Sie merken schon, diese Liste ist beliebig zu erweitern. Vielleicht fangen Sie jetzt gleich mit einer kleinen Übung an?!

Die sieben Genussregeln

Es wird Ihnen leichter fallen, den Genuss in Ihren Alltag einzubauen, wenn Sie die folgenden Regeln beherzigen (modifiziert nach Lutz 1990):

1. Genuss braucht Zeit: Man muss sich Zeit nehmen, um einen Freiraum für Genuss zu schaffen.
2. Genuss muss erlaubt sein: Insbesondere wenn Genuss in der Erziehung und Entwicklung eher etwas Verbotenes, Untergeordnetes war, muss es ein definitives »Erlauben«, »bewusstes Gestatten« geben.
3. Genuss geht nicht nebenbei: Wir müssen unsere Aufmerksamkeit bewusst auf »Genießen« einstellen. Nichts anderes sollte uns ablenken.
4. Wissen, was einem guttut: Über persönlichen Genuss kann man keine allgemeinen Regeln aufstellen. Man sollte seine eigenen Vorlieben durch Ausprobieren herausfinden.
5. Weniger ist mehr: Obwohl es verständlich ist, dass wir Dinge, die uns gefallen, oft und möglichst unbegrenzt um uns haben möchten, gilt: bei einem Überangebot ist Genuss nicht mehr möglich. Sättigung schließt Genuss aus. Quantität schlägt nicht in Qualität um.
6. Ohne Erfahrung kein Genuss: Ausprobieren schafft Differenzierungen. Verschiedenes kennen zu lernen, kann Spaß machen.
7. Genuss ist alltäglich: Genuss ist im alltäglichen Leben auffindbar. Es bedarf keiner außergewöhnlichen Ereignisse, damit Genuss erfahrbar wird.

Wie Sie Krisen bewältigen

In aller Regel gibt es bei Zwangserkrankungen wenige »hoch-akute«, schwerste Krisen. Dennoch kann es vorkommen, dass eine unerwartete Lebenssituation Sie im Zusammenhang mit Ihrem Zwang in eine zunächst unlösbar scheinende psychische Krise bringt. Das ist keine Katastrophe, sondern oft im Nachhinein nachvollziehbar und vor allem meist gut zu bewältigen.

Wir wollen das an einem Beispiel verdeutlichen. Sie können sich auf einer Urlaubsreise einfach nicht überwinden, am organisierten gemeinsamen Essen mit Ihrem Angehörigen im Hotel teilzunehmen. Schließlich haben Sie am ersten Tag einen der Kellner beobachtet, wie er Ihrer Meinung nach sehr oberflächlich eine Schnittwunde an seiner rechten Hand mit einem Pflaster versorgte. Alle Ihre früheren Befürchtungen, mit dem AIDS-Virus über einen Blutkontakt infiziert zu werden, steigen in Ihnen auf und Sie können trotz aller erprobten Strategien im Hinterkopf nicht mehr am Hotelessen teilnehmen.

In solchen Situationen empfiehlt es sich, zunächst einmal aus der für Sie »gefährlichen« Situation herauszutreten, d. h. einen ruhigen Ort in einer ungestörten Atmosphäre aufzusuchen und einmal – ganz in Ruhe – über das Problem nachzudenken.

Stellen Sie sich folgende drei Fragen. Für die oben beschriebene Beispielsituation könnte dies folgendermaßen aussehen:

3-Punkte-Krisenmanagement

1. **Was genau habe ich beobachtet und wie ist dies einzuschätzen?** Der Kellner hat eine Schnittwunde an seiner Hand mit einem Pflaster versorgt – das scheint eine ganz normale Handlung zu sein. Das scheint auch kein Grund zu

sein, um nicht weiter seiner Arbeit nachgehen zu können – das sehen wohl alle anderen Gäste auch so. Also sind meine Befürchtungen wohl am ehesten meiner Zwangserkrankung zuzuordnen, als dass sie eine reale Gefahr wären.

2. **Ich habe aber trotzdem Angst; wie bewältige ich die unangenehmen Gefühle?** Meine unangenehmen Gefühle muss ich aushalten, meine Befürchtungen und Katastrophengedanken überwinden und ohne Vermeidungsrituale die Situation bewältigen. Das heißt: Ich werde meine entstehenden unangenehmen Körperempfindungen bewusst wahrnehmen und bewusst aushalten, denn ich weiß: Das kann ich, das geht, daran werde ich nicht sterben. Darüber hinaus trage ich kein höheres Risiko, durch diesen Kellner mit dem AIDS-Virus infiziert zu werden, als alle anderen Gäste auch.

3. **Wie gehe ich ab sofort mit dieser Situation um?** Ich überdenke vor den Mahlzeiten im Hotel noch einmal kurz die Punkte 1. und 2. und begebe mich dann mit meinem Angehörigen an den Tisch. Dort nehme ich am Essen teil – wie alle anderen auch. Wenn es mir dabei übel wird und ich mich unwohl fühle, weiß ich, es kommt vom Zwang. Ich werde jeden Tag zu jeder Mahlzeit ohne Vermeidung die Bedienung durch diesen Kellner bewusst ertragen.

Bestimmt können Sie sich an solche oder ähnliche »Krisensituationen« erinnern und vielleicht haben Sie schon einmal in der hier beschriebenen Art und Weise reagiert. Wenn nicht, dann gehen Sie ruhig ein, zwei solcher Situationen im Kopf durch. Sie werden merken, dass Sie immer mehr Sicherheit gewinnen und das Gefühl bekommen, auch in unerwarteten »Risikosituationen« dem Zwang erfolgreich entgegentreten zu können.

Wie kann die Familie unterstützen?

Für Angehörige und Freunde ist es in solchen Situationen oft schwer, den »Rückfall« bzw. die unerwartete »Panikattacke« zu verstehen. Deshalb ist es wichtig, dass der Betroffene sie in sein

Übungsprogramm miteinbezieht und mit Ihnen bespricht, wie Sie sich in einem solchen Krisenfall verhalten sollten.

Betroffener und Angehöriger sollten das 3-Punkte-Management gemeinsam durchspielen. Für eine konkrete Situation sollte dann klar sein, ob der Angehörige sich besser zurückzieht oder beim Betroffenen bleibt und ihn zur Not an den nächsten Schritt erinnert.

Erstellen Sie sich einen Krisenpass

Um solche Krisensituationen leichter zu bewältigen, kann es Ihnen helfen, sich einen Krisenpass zu erstellen. Spielen Sie diesen Notfall in Gedanken möglichst realistisch durch bzw. rufen Sie sich bereits durchlebte Krisen ins Gedächtnis.

Wir empfehlen, diesen Krisenpass übersichtlich auf einem A4-Blatt vorzubereiten und etwa bei längeren Reisen oder erstmaligen Bewältigungssituationen an einem gut und rasch verfügbaren Ort bei sich zu tragen. Wahrscheinlich werden Sie nach Monaten feststellen, dass Sie dieses Blatt kaum oder gar nicht benötigt haben. Umso besser. Das Gefühl, auf Krisensituationen gut vorbereitet zu sein, ist eine gute Hilfe, die Sicherheit gibt.

Krisenpass

	Was ist die Krise?	3-Punkte-Management	Wie bewältigt? Was hat geholfen?
Beispiel		1.	mit Angehörigen:
		2.	allein:
		3.	(mit Therapeut:)
aktuelle Situation		1.	mit Angehörigen:
		2.	allein:
		3.	(mit Therapeut:)

Telefonnummer eines »eingeweihten« Angehörigen oder Freundes, der mir im Krisenfalle helfen will:

Falls Sie sich in Therapie befinden, Telefonnummer des Therapeuten:

Evtl. Krisenmedikation:

Sonstiges:

4 Selbsthilfe

Wie Angehörige die Zwangs-
erkrankung verkraften

Angehörige wollen aus ihrer belasteten Situation heraus und dabei aber dem Betroffenen nicht schaden, sondern ihm nützen. Das ist nachvollziehbar und verständlich. Dennoch gelingt das den wenigsten Angehörigen auf Anhieb. Meist geraten sie dabei in eine Situation, in der sie nur bedingt und sehr kurzfristig ihren Betroffenen helfen. Vielmehr sind sie unbemerkt und ohne Absicht zu »Komplizen« des Zwangs geworden. Sie helfen dann den Betroffenen dabei, die zwangsdiktierten Regeln auszuführen und sich peinlichst genau dem System der Erkrankung unterzuordnen.

Auch Sie als Angehörige sind dann bereits in den Fängen des Zwangs, wenn sie nämlich die Rituale übernommen haben, die Kontrollen, Reinigungs- und Waschhandlungen selbst ausführen und Ihr eigenes Leben ebenso reglementiert ist von der

Zwangserkrankung des Betroffenen. Sie haben das alles natürlich nur im besten Sinne mitgemacht, weil sie glaubten, so dem Betroffenen helfen zu können.

Spagat der Angehörigen

Angehörige bewegen sich immer im Spannungsfeld zwischen Unterordnung und Widerstand gegen die Zwänge. Hier haben Angehörige ihre größten Probleme im Umgang mit der Erkrankung. Was sollen Sie tun, wenn Sie immer und immer wieder vom Betroffenen angefleht werden, diese oder jene Zwangshandlung zu übernehmen?

Auch wenn es oft unmöglich erscheint, lassen Sie sich nicht zum »Zwangskomplizen« machen!

Es fällt keiner Mutter leicht, dem Sohn den Wunsch zu verweigern, seine (verseuchten) Sachen zum x-ten Mal zu waschen, wenn dieser bittend vor ihr steht. Und auch dem Ehemann scheint es unmöglich, sich seiner Frau zu widersetzen, wenn diese verängstigt im Auto sitzt, fertig zur Abfahrt und ihn wieder bittet, wie immer, noch einmal in die Wohnung zu gehen und die elektrischen Geräte zu überprüfen.

Grenzen Sie sich ab

Da fällt Abgrenzung schwer und ist dennoch notwendig. Diesen Spagat müssen Sie bewältigen lernen. Sie helfen dem Betroffenen nur dann, wenn Sie sich nicht in die Zwänge einbeziehen lassen. Auch wenn das kurzfristig zu einer sehr angespannten Beziehung zum Betroffenen führen wird. Ein Sohn ist nicht nur wütend auf seine Mutter, die ihm die Waschrituale verweigert. Dieser Sohn »droht« der Mutter auch mit Beziehungsabbruch, so existenziell erscheint ihm die Ausführung seiner Zwänge. Wir haben erfahren, dass Angehörige, z. B. Mütter, diese äußerst schwierigen Situationen aushalten können. Wenn sie nämlich gemeinsam mit dem Betroffenen lernen, den Zwang als das eigentliche Übel zu erkennen. Das können Angehörige schaffen, und Betroffene können das zulassen. Obwohl es ein schwerer Weg ist.

Eltern, Kinder, Partner und Geschwister unterscheiden sich voneinander hinsichtlich der Belastungen und der Auswirkungen, die die Zwangserkrankung auf sie hat. Und sie entwickeln häufig auch unterschiedliche Bewältigungsstrategien. Wir wollen uns anschauen, wie das in verschiedenen Konstellationen aussehen kann.

Eltern von zwangserkrankten Kindern

Aus Angehörigenbefragungen wissen wir, dass bei Eltern von Zwangserkrankten der Fokus der Beziehung insbesondere auf den wahrgenommenen Belastungen und den geringen Möglichkeiten der eigenen Einflussnahme liegt.

Trotz der im Folgenden gemachten Unterteilung finden Sie sich als Angehöriger sicherlich an verschiedenen Stellen wieder – der Lebenspartner kann z. B. durchaus ähnlich auf die Zwänge seiner Partnerin reagieren, wie Eltern auf die ihres Kindes.

Defizite stehen oft im Vordergrund

Es ist also eher typisch für die Mutter eines Zwangserkrankten, beim Blick auf den Sohn zunächst einmal das nicht Erreichte, das (noch) nicht Bewältigte, den Bereich der vom Zwang noch einschränkt ist, anzusprechen. In Angehörigenrunden wird immer wieder von den Eltern zuerst und vor allem das Defizit angesprochen und damit auf die Inkompetenz des Betroffenen verwiesen. Eltern sind selbst oft ohnmächtig, hilflos und wissen nicht, wie sie am besten helfen können. Sie verzweifeln oft daran, dass sie anscheinend selbst so wenig zur Veränderung beitragen können. Manchmal sind sie gar ein wenig ärgerlich, dass ihre vielen Versuche und Angebote vom Betroffenen nicht wahrgenommen werden (können) oder nicht zum erhofften Erfolg führen.

Sicher haben Sie alles erdenklich Gute versucht, sicher haben Sie Ihrem Sohn oder Ihrer Tochter so viele Male zur Seite gestanden und immer und immer wieder all die Versicherungen gegeben, die eingefordert wurden. Immer in der (versprochenen) Hoffnung, der Zwang werde bald aufhören, die Kontrolle werde »nur noch dieses eine Mal« so sein müssen. Sie haben sich in das Zwangssystem mit einspannen lassen. Sowohl Betroffene als auch Angehörige müssen nun schmerzlich lernen, dass der Zwang damit nur gefestigt wurde.

Den Blick auf die (verbliebenen) Fähigkeiten richten

Es ist verständlich, dass dieser lange hoffnungslos wirkende Weg letztlich dazu geführt hat, dass Sie nun, vielleicht selbst erschöpft und kraftlos geworden, kaum noch auf das (wenige) gebliebene Positive blicken können. Gerade Sie als Eltern, die einerseits Ihr gesundes(!) Kind kennen, andererseits die Veränderung hin zum Krankhaften miterlebt haben, Sie sind besonders geneigt, Einfluss nehmen zu wollen auf den krankhaften Prozess, ihn zu stoppen, das »Gesunde« wieder herzustellen. Deshalb sind es wohl auch gerade die Eltern, die besonders darunter leiden, dass die Veränderung nicht mit dem erhofften Erfolg eintritt. Eltern haben uns in diesem Zusammenhang auch oft von ihren zahlreichen Appellen an ihre erkrankten erwachsenen Kinder erzählt. Appelle, die zwanghaften Handlungen und Vermeidungsstrategien doch endlich zu unterlassen. Manchmal wird an die Willensstärke, an mehr Anstrengungsbereitschaft und mehr Aktivität appelliert.

> **TIPP FÜR ANGEHÖRIGE**
>
> ### »Nein« sagen zum Zwang
>
> Jede doch wieder ausgeführte Zwangshandlung »verbucht der Zwang für sich als Erfolg« – und nistet sich noch ein bisschen breiter ein. Wenn Sie immer an dieses Bild denken, fällt es Ihnen sicherlich ein wenig leichter, Nein zur x-ten Waschaktion, dem zigfachsten Kontrollgang usw. zu sagen.

Wir können diese Wünsche und Aufforderungen der Eltern von Zwangserkrankten verstehen. Aber wir müssen gleichzeitig davor warnen: Nur allzu schnell werden die (immer!) vorhandenen positiven Anteile der Betroffenen übersehen. Allzu schnell achtet man nur noch auf die täglichen Waschrituale, weil sie Stunden andauern, den Familienalltag bestimmen und z. B. zu inakzeptablen Nebenkosten im Hause geführt haben. Dann wird leicht übersehen, dass die zwangserkrankte Studentin trotz stundenlangem Waschen immer noch in der Lage war, ihre Studienangelegenheiten zu bewältigen und die Abschlussprüfungen gar geschafft hat.

ÜBUNG

Das Positive sehen und unterstützen

Suchen Sie sich zunächst einmal selbst eine ruhige Situation aus, in der es Ihnen wirklich gut geht. Das sollte ein Augenblick sein, in dem kein Stress, keine Belastung herrscht, am besten, wenn Ihr zwangserkranktes Kind gar nicht anwesend ist.

Lehnen Sie sich zurück und lassen Sie Ihr Kind vor Ihrem geistigen Auge entstehen:

Was ist die letzte zurückliegende positive Erinnerung an ein gemeinsames Erlebnis? Was hat Ihr Sohn/Ihre Tochter Ihnen zuletzt erzählt, das nicht vom Zwang handelte? Von einer Freundin? Von einer Musik? Vom Studium?

Wenn Ihr Kind noch in Ihrem Haushalt lebt, wo sind zwangsfreie oder zwangsarme Bereiche? Wie sind (gemeinsames) Essen, Einkaufen, Haushaltspflichten organisiert? Welche Aufgaben hat Ihr Kind und erledigt diese – trotz schwerer Zwänge – nach wie vor zuverlässig? Wofür loben vielleicht Nachbarn, andere Familienmitglieder Ihren Sohn oder Ihre Tochter? An welcher Stelle haben Sie schon manchmal gedacht, »gut, dass er/sie noch im Haushalt lebt«?

Sie werden sicherlich positive Seiten finden. Und geben Sie Ihrem Kind eine Rückmeldung über das, was Sie gefunden haben, was Sie schätzen, was positiv ist.

(Verbliebene) Fertigkeiten fördern

Machen Sie es sich zur Gewohnheit, im Kontakt mit Ihrem Kind – regelmäßig – positive Anteile anzusprechen. Loben Sie, so oft es geht. Erkennen Sie bereits Erreichtes an! Verzichten Sie dagegen so oft wie möglich auf Kritik!

Versuchen Sie trotz der für Sie selbst entstandenen Belastung durch die Zwangserkrankung Ihres Kindes an gemeinsamen Traditionen festzuhalten. Bieten Sie gemeinsame Aktivitäten an, machen Sie Angebote – frei von Sanktionen oder Erfolgsabhängigkeiten.

Lassen Sie es aber bei Angeboten! Keine erzwungenen Aktionen, denn die Entscheidung sollte letztlich bei jedem selbst liegen. Wichtig dabei ist, dass Sie Ihr eigenes Aktivitätspotenzial nicht in Abhängigkeit von Ihrem Kind betrachten. Das macht Druck und unzufrieden – für beide Seiten. Wenn Sie also gern Schwimmen gehen möchten und es Ihrem Kind natürlich auch gut täte, es aber – eventuell zwangsbedingt – nicht will oder kann, gehen Sie allein und bleiben nicht frustriert zu Hause.

Mit gewissen Abwandlungen können diese Anleitungen jedem Angehörigen helfen, die positiven Seiten des Betroffenen besser wahrzunehmen und zu unterstützen.

(Erwachsene) Kinder von zwangserkrankten Eltern

Auch jugendliche oder erwachsene Kinder zwangserkrankter Eltern übernehmen zu einem Teil die Elternrolle und wollen »erziehend Einfluss nehmen«. Sie versuchen nicht selten, dem erkrankten Elternteil die Ausführung von Zwangshandlungen »zu verbieten«. Weil es ihnen oft peinlich ist, verweigern sie sich gemeinsamen Aktivitäten, auch wenn es früher angenehme Gemeinsamkeiten gab.

Kinder von zwangserkrankten Eltern sind in einer misslichen Lage. Es ist interessant, dass sich hinsichtlich der Bewältigungsstrategien angehörige Eltern und Kinder ähnlich sind. Im Vergleich mit angehörigen Partnern sind Eltern und Kinder weniger in der Lage, die Reserven und gesunden Anteile der Betroffenen wahrzunehmen und aufzuwerten.

»Es ist blamabel, mit dem Vater unterwegs zu sein«

Ein Sohn sagte uns einmal: »Ich mache prinzipiell nichts mit meinem Vater zusammen, in die Stadt gehen oder ins Einkaufscenter. Das habe ich mir schon abgewöhnt, als ich noch relativ klein war. Es ist auch zum Teil wirklich blamabel, mit jemandem in der Straßenbahn zu fahren, auch als Kind schon, der guckt und guckt und fragt und macht. Und dann plötzlich schnappt er dich an der Hand und zerrt dich aus der Bahn raus. Weil irgendwas wieder war.«

AUS DEM LEBEN

Das mag diesen oft jahrzehntelang geprägten Beziehungen geschuldet sein. Kinder haben ihre zwangserkrankten Eltern meist »immer schon so« erlebt. Sie sind mit den Zwängen aufgewachsen und haben sie irgendwann nicht mehr mit ihrem eigenen (normalen) sozialen Umfeld in Einklang bringen können. Dies wurde aber für das heranwachsende Kind notwendig, so normal zu sein wie alle anderen, auch wenn es um die Eltern geht. Deshalb kann für ein Kind eines Zwangserkrankten Abgrenzung durchaus eine wichtige Bewältigungsstrategie sein, auch wenn sie dem Betroffenen selbst nicht gut tut.

Gemeinsam Regeln aufstellen

Zunächst ist es wichtig, dass Kinder ihren zwangserkrankten Eltern sagen, wie es ihnen in ihrer »Zwangslage« geht. Dies ist oft ein erster Schritt in eine gesündere Beziehung, wenn die entstandene Ambivalenz, das Hin- und Hergerissensein mitgeteilt wird.

Als angehörige Kinder sollten Sie dabei wohlwollend, aber bestimmt sein und Ihre eigenen Ansprüche auf ein zwangsfreies Leben angeben – und dies ganz konkret:

In unserem Beispiel sollte der fast erwachsene Sohn dem Vater mitteilen, dass er in der Straßenbahn nur dann mit ihm gemeinsam fahren wird, wenn auch der Vater die (in diesem Fall gesunden) Regeln des Sohnes akzeptiert. Das heißt, wenn der erkrankte Vater aufgrund seiner Zwänge plötzlich die Straßenbahn verlässt, entscheidet der Sohn selbst, was er in dieser Situation tut – bleibt er oder steigt er ebenfalls aus.

In jedem Fall sollte im Vorfeld ausgesprochen und ausgehandelt sein, dass zunächst einmal jeder einen berechtigten Anspruch auf seine Regeln – ob gesund oder krank – hat. Es muss dann ein Kompromiss gefunden werden, der einmal in die eine, ein anderes Mal in die andere Richtung ausschlagen kann.

Mit diesem Vorgehen werden auch Sie, die Kinder von zwangserkrankten Eltern, lernen müssen, dass die von Ihnen gewünschte Veränderung des Verhaltens Ihrer Eltern nicht eine Sache Ihres pädagogischen Geschickes ist, sondern primär ein begleitendes Unterstützen und Fördern der Selbsthilfeanteile Ihrer Eltern.

Partner von Zwangserkrankten

Partner dagegen können scheinbar leichter die positiven Anteile, die Ressourcen im Betroffenen sehen. Sie können die Stärken der Betroffenen hervorheben und z. B. Erfolge im Berufsleben, die ein Zwangserkrankter trotz schwerer, beeinträchtigender Zwangssymptome haben kann, würdigen und wertschätzen. Das ist für die Betroffenen, für die Beziehung zwischen Betroffenen und Angehörigen etwas ganz Wichtiges. Betroffene können damit erkennen, dass es außerhalb ihrer Erkrankung auch noch gesunde, kompetente und wertzuschätzende Anteile ihrer Person gibt. Das macht Mut und Hoffnung.

Diese positive Sichtweise gelingt auch dem Lebenspartner natürlich längst nicht immer – und so werden Sie sich wahrscheinlich auch in den Beschreibungen über Eltern und Kinder Zwangserkrankter wiederfinden können.

Überforderung erkennen und Hilfe annehmen

Angehörige haben sich oft über viele Jahre so sehr in die Zwangsrituale und Vermeidungsstrategien der Betroffenen einbeziehen lassen, dass Ihnen die Abgrenzung schwerfällt. Sie

---

ÜBUNG

Sorgen Sie auch gut für sich selbst?!

Nehmen Sie sich Zeit für sich, in der Sie nachspüren können, wie es Ihnen aktuell geht. Welche Wünsche und Bedürfnisse haben Sie? Was würde Ihnen guttun? Die Übungen und Anleitungen, die wir im Unterkapitel »Ressourcen erkennen und stärken« gegeben haben, können Sie als Anregung nutzen, um sich wieder den schönen und genussvollen Momenten des Lebens zuzuwenden. Gegen ständige Anspannung helfen z. B. Entspannungsübungen, Yoga oder Meditation. Sport und Bewegung an der frischen Luft können den Kopf wieder frei machen. Ein »zwangloses« Treffen mit Freunden, ein Kino- oder Theaterbesuch können die Batterien wieder aufladen.

Häufig stehen Schuldgefühle der Angehörigen dem jedoch im Wege. »Wie kann ich es mir gutgehen lassen, wenn es meinem Kind oder Partner doch so schlecht geht?« Oft geben gerade Eltern sich selbst die Schuld, wenn Ihr Kind

zwangserkrankt ist. Das Mitleiden und Vermeiden jeglicher Freude kann dann auch als (unbewusst) verhängte Strafe dienen. Doch Sie tun weder sich selbst noch dem Angehörigen einen Gefallen damit, wenn es Ihnen genauso schlecht geht wie ihm!

Im Gegenteil, wie wir auf S. 91–92 beschrieben haben, können die Angehörigen die Vorbildfunktion im Gesundungsprozess des Erkrankten übernehmen – sie leben vor, wie man sein Leben gesund und mit Freude gestalten kann. Außerdem können Sie dem Betroffenen langfristig nur zur Seite stehen, wenn Sie sich selbst immer wieder gut regenerieren. Völlig »abgewirtschaftet« und am Ende stellt niemand eine gute Stütze dar. Nicht zuletzt wird der positive und liebevolle Umgang mit sich selbst Ihnen auch viel besser den unterstützenden und anerkennenden Umgang mit dem Betroffenen ermöglichen.

haben es oft auch verlernt, Überforderung als solche zu erkennen und sich einzugestehen, dass bestimmte Belastungen und Beeinträchtigungen nicht mehr länger auszuhalten sind.

Auch wenn es in diesem Buch natürlich überwiegend um Hilfe für Betroffene ging, haben wir doch immer wieder darauf hingewiesen und wollen es auch hier noch einmal explizit tun, dass die Belastungen und oft eben auch die Überforderungen für die Angehörigen zu groß sein können. Deshalb geht unser dringender Appell an Sie, die Angehörigen, den Blick einmal vom Betroffenen abzuwenden und auf sich selbst zu richten.

Wo finde ich Unterstützung?

Wenn Sie nun denken, das klingt ja alles sehr gut, aber ich fühle mich einfach nur noch ausgelaugt und erschöpft, dann möchten wir Sie bitten, Hilfe anzunehmen bzw. zu suchen. Wie wir

---

TIPP FÜR ANGEHÖRIGE

Goldene Regeln für Angehörige

- Wenn der Betroffene zustimmt – dann suchen Sie gemeinsam und frühzeitig therapeutische Hilfe auf – Empfehlungen kann die DGZ (siehe S. 145) über eine spezielle Therapeutenliste geben.
- Informieren Sie sich selbst über die Zwangserkrankung – tauschen Sie mit anderen Angehörigen Erfahrungen aus, am besten in Selbsthilfegruppen für Angehörige.
- Versuchen Sie, die (übriggebliebenen) positiven Anteile im Betroffenen zu sehen, anzusprechen, ihn dabei zu stärken.
- Der Betroffene braucht von Ihnen Mut und Zustimmung, selbst auch Angenehmes wahrzunehmen – trotz des Zwangs.
- Eine Zwangserkrankung kann behandelt werden – Sie sind aber nicht der primäre Therapeut! Grenzen Sie sich ab, wo es für Sie zu anstrengend wird – darauf haben Sie ein Recht!
- Fordern Sie die Therapeuten – verlangen Sie, in die Therapie einbezogen zu werden – zumindest wenn es um Informationen geht, um Absprachen, die das soziale Umfeld betreffen. Das gehört heutzutage zum Standard professioneller Hilfe in der Psychiatrie und Psychotherapie.

im Therapieteil beschrieben haben, können die Angehörigen in die Therapie einbezogen werden. Sie können sich auch zunächst bei Beratungsstellen oder im Internet informieren. Es gibt Selbsthilfegruppen für Angehörige. Sie können sich auch – unabhängig davon, ob der Betroffene gerade eine Therapie macht oder nicht – an einen Therapeuten wenden, um mit Ihrer Situation klarzukommen und Unterstützung zu erfahren.

Selbsthilfegruppen

In Selbsthilfegruppen schließen sich Betroffene zusammen, um sich gegenseitig bei der Bewältigung von Problemen im Zusammenhang mit ihrer Erkrankung zu unterstützen. Dabei profitieren Menschen mit wenig oder noch keiner Erfahrung im Umgang mit der Krankheit von denen, die schon sehr viele Informationen haben und sich mit therapeutischen Möglichkeiten auskennen. Deshalb sind Selbsthilfegruppen ein Ort für Betroffene in unterschiedlichen Krankheitsphasen.

Die meisten Betroffenen sagen, dass es ihnen in Selbsthilferunden besonders gut getan hätte, auf Menschen zu treffen, die über ähnliche und gemeinsame Nöte und Ängste gesprochen haben. Es war für viele eine ganz neue und angenehme Erfahrung, die Peinlichkeit und Scham im Umgang mit Beschwerden überwinden zu können, weil da Menschen saßen, die sie verstehen konnten und ganz ähnlich fühlten wie sie.

Aber auch später, wenn man schon Therapieerfahrung und wesentliche Zwänge überwunden hat, können Tipps und Tricks von anderen Betroffenen hilfreich sein. Nicht zuletzt fällt es mit einem ermutigenden Rat eines Betroffenen in der Tasche leichter, bestimmte Aktivitäten, die bis dahin durch den Zwang unmöglich schienen, auszuprobieren.

Selbsthilfegruppen für Angehörige

Ebenso können Selbsthilfegruppen für Angehörige eine wichtige Unterstützung sein. Hier können Angehörige ohne »schlechtes Gewissen« erstmals auch über ihre Belastungen sprechen, die sie im täglichen Miteinander mit dem Betroffenen ertragen.

Angehörige berichteten uns davon, dass sie sich in den Geschichten anderer Eltern, Partner oder Kinder wiedererkennen und ihr eigenes Schicksal manchmal ein wenig relativieren und besser ertragen konnten. Aber auch hilfreiche Bewältigungsstrategien können hier ausgetauscht oder voneinander gelernt werden. Schließlich erzählten uns Angehörige, dass sie durch die Berichte anderer Angehöriger Mut gefasst haben, wieder eigene Bedürfnisse und Wünsche zu äußern.

Selbsthilfegruppen für Patienten und deren Angehörige gibt es in einigen, vor allem größeren Städten. Meist können Sie über die Telefonnummern von konkreten Ansprechpartnern den Kontakt zur Selbsthilfegruppe in Ihrer Nähe herstellen. Die besten und aktuellsten Informationen dazu kann Ihnen die Deutsche Gesellschaft Zwangserkrankungen (DGZ) e.V. geben (siehe S. 145).

Selbsthilfe

ZUSAMMENFASSUNG

Wie Sie sich selbst helfen können

Was kann ich tun, um meinen Zwängen zu Leibe zu rücken?

Gehen Sie, gewappnet mit dem nötigen Wissen um Ihre Erkrankung, selbstbewusst mit Ihren Zwängen um. Sie können Ihre Zwänge bewältigen, auch wenn diese noch so lange bestehen und sich ausgesprochen hartnäckig in Ihrem Leben breitgemacht haben!

Eine klare Zielsetzung und gute, detaillierte Planung der einzelnen Übungssituationen ist die wichtigste Voraussetzung.

Die Zwänge überwinden, heißt immer: an den konkreten Symptomen zu arbeiten, aber auch in Ihrem »sonstigen«, »gesunden« Leben etwas zu ändern, denn das wurde vom Zwang weitgehend zurückgedrängt.

Wie funktioniert eine »Exposition« und was bewirkt sie?

»Exposition« heißt Konfrontation mit der angstauslösenden Situation, Überwinden und Aushalten der befürchteten, katastrophisierenden Gedanken und der unangenehmen, oft quälenden körperlichen Reaktionen. Dabei ist es wichtig, die entsprechende Konfrontationsübung konkret vorzubereiten, in einzelnen Schritten vorzugehen und möglichst realitätsnah, d. h. genau so, wie in Ihrem konkreten Alltag der jeweilige Zwang auftritt, auch zu üben.

Welchen Anteil haben Angehörige und wie können diese für sich besser sorgen?

Angehörige können während der Expositionen unterstützend sein, wenn sie den Betroffenen ermutigen, in der jeweiligen, anstrengenden Situation durchzuhalten, bereits Erreichtes anerkennen und helfen, Niederlagen und Rückschläge besser zu verkraften.

Außerdem können sie verbliebene Ressourcen und positive Fähigkeiten, die jeder Betroffene außerhalb des Zwanges hat, erkennen und stärken.

Angehörige selbst sollten sich gegenüber den zwangsdiktierten Regeln der Betroffenen abgrenzen und ihr eigenes, gesundes Leben pflegen. Sie sollten ihrer Arbeit, ihren Hobbys nachgehen, Freunde treffen und eigene, zwangsfreie Zeiten beanspruchen. Nur so kann es gelingen, gemeinsam mit den Betroffenen, die Zwangserkrankung zu überwinden!

Service

Deutsche Gesellschaft Zwangs-erkrankungen (DGZ) e.V.

Die »Deutsche Gesellschaft Zwangserkrankungen e.V.« ist ein gemeinnütziger Verein, in dem sich Betroffene und medizinische/psychologische Experten gemeinsam gegen den Zwang engagieren. Im Mittelpunkt steht das Angebot an Betroffene und ihre Angehörigen, Hilfe zur Selbsthilfe und Hilfe zum Leben mit der Erkrankung zu erhalten.

Durch eine breit angelegte Öffentlichkeitsarbeit werden umfangreiche Informationen zur Zwangserkrankung und die daraus entstehenden Probleme gegeben, um so vorhandene Vorurteile abzubauen und mehr Akzeptanz für die Betroffenen zu erreichen.

Die Geschäftsstelle informiert Betroffene und ihre Angehörigen über Selbsthilfegruppen in ihrer Nähe und klärt über geeignete Therapiemaßnahmen auf. Darüber hinaus verfügt die DGZ über eine umfangreiche Datei von Therapeuten aus dem gesamten Bundesgebiet.

DGZ
Postfach 1545
49005 Osnabrück
Tel.: 0541 35744-33
E-Mail: zwang@t-online.de
Internet: www.zwaenge.de

Online-Foren für Betroffene

www.zwaenge.de
www.zwangserkrankungen.de
www.trichotillomanie.de

Service

Literatur

Baer L (2001): Alles unter Kontrolle – Zwangsgedanken und Zwangshandlungen überwinden. Bern: Huber

Crombach G, Reinecker H (1996): Der Weg aus der Zwangserkrankung. Bericht einer Betroffenen für ihre Leidensgefährten. Göttingen: Vandenhoeck & Ruprecht

Fricke S, Hand I (2004): Zwangsstörungen verstehen und bewältigen. Hilfe zur Selbsthilfe. Bonn: Psychiatrie-Verlag

Hoffmann N (2000): Wenn Zwänge das Leben einengen. Zwangsgedanken und Zwangshandlungen, Ursachen, Behandlungsmethoden und Möglichkeiten der Selbsthilfe. Mannheim: Pal

Hornung WP, Terbrack U (2004): Zwänge überwinden. Ratgeber für Menschen mit Zwangsstörungen und deren Angehörige. München: Urban & Fischer

Leps F (2001): Zange am Hirn. Geschichte einer Zwangserkrankung. Bonn: Psychiatrie-Verlag

Stichwortverzeichnis

Stichwortverzeichnis

Impressum

Bibliografische Information
der Deutschen Nationalbibliothek
Die Deutsche Nationalbibliothek verzeichnet diese
Publikation in der Deutschen Nationalbibliografie;
detaillierte bibliografische Daten sind im Internet
über http://dnb.d-nb.de abrufbar.

Programmplanung: Sibylle Duelli
Redaktion: Anne Bleick

Bildredaktion: Christoph Frick

Umschlaggestaltung und Layout:
CYCLUS Visuelle Kommunikation

Umschlagfoto: Gettyimages
Fotos im Innenteil:
ccvision: S. 4, 5, 10/11, 19, 44/45, 68/69, 96; Corel Stock:
S. 70, 123; DigitalVision: S. 60, 64; DynamicGraphics: S. 6,
82, 94/95; Gettyimages: S. 3; Thomas Möller, Stuttgart:
S. 73, 142; Photo Alto: S. 28, 37, 46, 55; Photo Disc:
S. 12, 85, 91, 109, 132

Zeichnungen: Helmut Holtermann, Dannenberg

© 2008 TRIAS Verlag in MVS
Medizinverlage Stuttgart GmbH & Co. KG
Oswald-Hesse-Straße 50, 70469 Stuttgart

Printed in Germany

Herstellung: Buch & Konzept, Annegret Wehland,
Füssen
Satz: Fotosatz Buck, Kumhausen
gesetzt in: InDesign CS3
Druck: Westermann Druck Zwickau GmbH, Zwickau

Gedruckt auf chlorfrei gebleichtem Papier

ISBN 978-3-8304-3389-7   1 2 3 4 5 6

Liebe Leserin, lieber Leser,
hat Ihnen dieses Buch weitergeholfen? Für Anregungen, Kritik, aber auch für Lob sind wir offen. So können wir in Zukunft noch besser auf Ihre Wünsche eingehen. Schreiben Sie uns, denn Ihre Meinung zählt!

Ihr TRIAS Verlag
E-Mail Leserservice: heike.schmid@medizinverlage.de

Adresse:
Lektorat TRIAS Verlag, Postfach 30 05 04,
70445 Stuttgart

Vet 1 Steng

Wichtiger Hinweis: Wie jede Wissenschaft ist die Medizin ständigen Entwicklungen unterworfen. Forschung und klinische Erfahrung erweitern unsere Erkenntnisse, insbesondere was Behandlung und medikamentöse Therapie anbelangt. Soweit in diesem Werk eine Dosierung oder eine Applikation erwähnt wird, darf der Leser zwar darauf vertrauen, dass Autoren, Herausgeber und Verlag große Sorgfalt darauf verwandt haben, dass diese Angabe dem **Wissensstand bei Fertigstellung des Werkes** entspricht.

Die Ratschläge und Empfehlungen dieses Buches wurden vom Autor und Verlag nach bestem Wissen und Gewissen erarbeitet und sorgfältig geprüft. Dennoch kann eine Garantie nicht übernommen werden. Eine Haftung des Autors, des Verlages oder seiner Beauftragten für Personen-, Sach- oder Vermögensschäden ist ausgeschlossen.

Geschützte Warennamen (Warenzeichen) werden nicht besonders kenntlich gemacht. Aus dem Fehlen eines solchen Hinweises kann also nicht geschlossen werden, dass es sich um einen freien Warennamen handelt.